천재보다 꿈꾸는 청소년이 성공한다

고사성어 속에 있는
꿈과 성공이야기 **30**

천재보다 꿈꾸는 청소년이 성공한다

Dreaming Youth

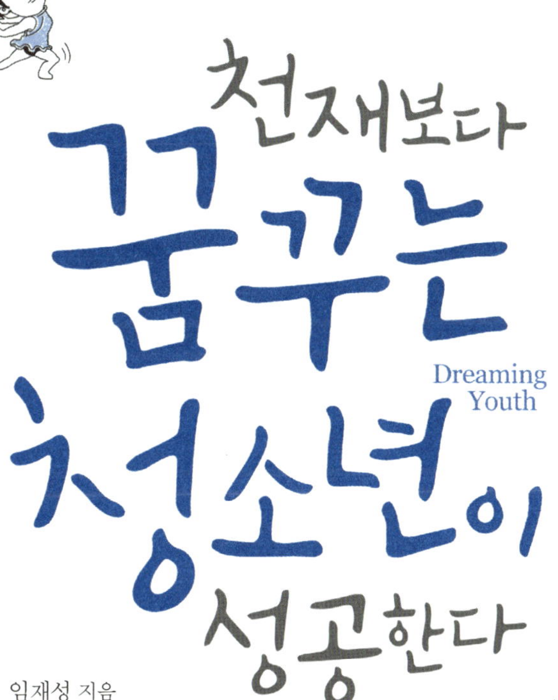

임재성 지음

평 단

꿈을 이루도록 이끌어 주는 고사성어

우리는 하루 동안에도 수많은 말을 하고 또 들으며 산다. 어떤 말은 중요하고 꼭 필요한 말인 반면, 어떤 말은 쓸데없거나 안 들어도, 하지 않아도 되는 말들이 있다. 수많은 말 중에 힘 있는 한마디는 인생을 바꾸고 새롭게 해 주는 효력이 있다. 우리가 존경하는 위인들도 자신에게 영향을 주는 말을 지키려고 노력하며 살았다. 그런 노력이 바탕이 되어 훌륭한 삶을 살 수 있었던 것이다.

고사성어는 그런 능력을 담고 있는 말이다. 짧지만 힘이 있다. 그 속에는 수백, 수천 년이 지나도 여전히 살아 움직이는 삶의 지혜가 담겨 있기 때문이다. 또 역사적인 이야기가 담겨 있어 잘 잊히지 않고 오래 기억에 남는다. 그래서 상황에 맞는 고사성어 한 마디는 길고 복잡한 어떤 설명보다 우리를 변화시키는 능력이 있다.

짧지만 강력한 고사성어 메시지에 꿈을 이루는 방법을 연결하면 더 효과적이다. 쉽게 잊히지 않고 오래 기억되기 때문이다. 고사성어를 생각하기만 해도 오늘 해야 할 일이 무엇인지 알게 된다. 공부에 대한 명확한 동기부여가 되는 것이다.

성공한 사람들을 살펴보면 다음과 같은 공통점이 있다.

- 구체적이고 선명한 꿈
- 꿈을 이루고자 하는 뜨거운 열정
- 꿈이 이루어질 때까지 참고 견디는 인내심
- 어떤 상황에서도 좋은 쪽을 선택하는 긍정적 사고
- 배려하고 나누며 모두 함께하려는 사랑의 마음
- 꿈이 저절로 이루어지게 하는 좋은 습관

이 책은 성공한 사람들이 공통적으로 품고 있는 것들을 바탕으로 구성했다. 각 장을 제대로 읽고 마음에 새기며 삶에서 실천한다면 여러분도 반드시 꿈을 이룰 수 있다.

이 책을 읽을 때는 반드시 고사성어에 담긴 유래에 따라 그 의미를 기억해야 한다. 그리고 그 의미에 걸맞은 꿈 이야기를 연결시켜야 한다. 고사성어와 꿈 이야기가 동시에 떠오를 수 있도록 읽는 것이다. 그러면 고사성어가 떠오를 때마다 꿈을 이루기 위해 자신이 무엇을 해야 할지 명확하게 알 수 있다.

　부족하지만 이 책을 통해 10대들이 모두 꿈을 품고 이루며 나누는 삶을 살았으면 좋겠다.

내 인생은 생각하고 원하고 꿈꾼 대로 된다

천리안

千里眼

일천 천 마을 리 눈 안

천 리를 보는 눈이란 뜻으로,
먼 곳의 일까지도 잘 꿰뚫어 보는
능력을 의미하는 말.

옛날 북위(北魏)에 양일이라는 젊은이가 살 았다. 그는 스물아홉 살의 젊은 나이에 광주(廣州) 자사라는 벼슬을 얻었다. 양일은 백성의 삶이 좋아지고 행복할 수 있도록 돕고 싶어 했다. 그래서 부임하자마자 백성이 어떻게 사는지 정탐꾼을 보내 샅샅이 살피게 했다.

백성은 양일의 생각과는 다르게 힘겹게 살아갔다. 관리와 군인 들이 하루가 멀다 하고 뇌물을 뜯어냈기 때문이다. 그 사실을 알게 된 양일은 곧바로 절대 뇌물을 받지 말라고 공포했다. 또한 관리들에게는 잔치를 금지하라고 명령했다. 잔치를 열면 세금을 더 거둬야 되고 그만큼 백성이 힘들어진다고 생각했기 때문이다.

관리나 군인이 지방을 갈 때는 식량을 직접 준비해서 가도록 했다. 그 후 어쩌다 백성이 음식을 대접하려고 해도 관리들이 오히려 사양할 정도가 되었다. 왜냐하면 양일이 관리들의 일거수일투족을 꿰고 있었기 때문이다. 그때부터 사람들은 양일이 "천 리를 내다볼 줄 아는 놀라운 눈을 가졌다"라고 이야기했다.

흉년(凶年)이 계속되자 양일은 비축해 둔 식량을 백성에게 나눠 주라고 지시했다. 그런데 신하들은 정색을 하며 반대하고 나섰다. 관리가 멋대로 식량을 배급하면 황제에게 벌을 받게 되었기 때문이다. 그러자 양일이 이렇게 말했다.

"나라의 근본은 백성이므로 백성을 굶겨서는 안 된다. 백성에게 식량을 나눠 준 것이 죄가 된다면 내가 그 죗값을 기꺼이 받겠다."

훗날 그 사실이 황제에게 알려졌다. 사람들의 염려와 달리 황제는 오히려 사랑으로 백성을 돌본 양일을 칭찬해 주었다. 그 후로 관리들은 양일이 없어도 양심에 따라 백성을 돌보았다고 한다.

이 이야기에서 천리안(千里眼)이라는 말이 유래되었다. 근래는 미래(未來)의 일을 미리 꿰뚫어 보거나 먼 곳의 일을 감지하는 능력을 일컫는 말로 쓰인다.

우리의 삶에서도 천리안의 눈이 필요하다. 자신이 원하는 삶의 목표(目標)를 꿰뚫어 볼 수 있는 능력을 길러야 한다. 훗날 어디서 무슨 일을 하고 있을지 볼 수 있다면 체계적인 준비가 가능하다. 명확한 목적지를 알 수 있으므로 방황하지 않는다. 공부의 목적이 분명하기 때문에 현실에 충실한 삶을 살게 된다. 먼 미래를 생각하며 성실하게 생활하므로 삶에 희망이 넘쳐흐른다.

간절히 원하는 미래의 모습을 꿰뚫어 보는 능력을 비전(Vision)이라고 한다. 비전이 있는 사람은 자신이 누구이며, 어디로 가고 있는지 명확하게 알 수 있다.《걸리버 여행기》를 쓴 조너선 스위프트(Jonathan Swift)가 "비전이란 보이지 않는 것을 보는 기술이다"라고 말한 것과 뜻이 통한다.

라이트(Wright) 형제는 마음속으로 하늘을 나는 비행기를 선명하게 그렸다. 그 모습을 바라보고 뼈대를 만들고 조그마한 부품을 설계했다. 육중한 무게의 덩어리가 하늘을 나는 모습을 생각지 못했다면 비행기를 만들려는 마음조차도 품지 못했을 것이다.

우리의 인생도 이와 같다. 미래를 꿰뚫고 있으면 이미 성공적인 삶을 산 것이나 다름없다. 앞으로 펼쳐질 인생을 미리 알고 있으니 걱정할 것이 없다. 일본 최고의 기업가 중 한 사람인 소프트뱅크 회장 손정의를 통해 비전을 품고 있는 사람의 특징을 알 수 있다. 그는 1957년 규슈(九州)에서 재일교포 3세로 태어났다. 손정의는 어렸을 때 일본 아이들에게 조센징이라는 놀림을 받았다. 그들이 던진 돌에 피를 흘리며 괴롭힘을 당하는 일도 많았다.

하지만 그는 미래를 꿰뚫는 비전을 세우고 일본 제1의 부자가

되었다. 재일교포라고 왕따를 당하
는 것은 문제가 되지 않았다. 오직
미래의 비전을 바라보고 한 걸음씩
나아갈 뿐이었다.

그가 비전을 얼마나 소중히 여기
는지는 그의 말을 통해 알 수 있다.

"눈앞을 보기 때문에 멀미를 느끼
는 것이다. 몇백 킬로미터 앞을 보라.
바다는 기름을 제거한 것처럼 평온
하다. 나는 그런 장소에 서서 오늘을
지켜보고 사업을 하고 있기 때문에
전혀 걱정하지 않는다."

손정의는 어떤 결정을 하든지 간
에 미래를 내다보고 결정했다. 사업
을 펼치는 데 필요한 전략과 전술이
이미 수립된 것이나 다름없었다.

손정의가 미래 비전을 설계한 것
은 열아홉 살 때였다. 그는 열아홉
살에 인생의 큰 그림을 그렸다. '인
생 50년 계획'이라는 계획을 세우고
사업가로서 성공을 꿈꾸었다.

"20대에는 이름을 날린다. 30대에 최소한 1천억 엔의 자금을 마련한다. 40대에 사업에 승부를 건다. 50대에 사업을 완성한다. 60대에 다음 세대에 사업을 물려준다."

대학을 입학하기도 전에 그는 미래를 꿰뚫어 보았다. 자신이 무엇을 해야 할지, 어떤 인생을 살아야 할지 마음으로 그렸다. 자신이 살아갈 인생에서 일어날 일을 감지하며 준비하며 나아간 것이다.

그가 눈에 보이지도 않는 비전을 얼마나 중요하게 여겼는지 알 수 있는 에피소드가 한 가지 있다. 손정의가 스물네 살에 회사를 창업할 당시였다. 그는 허름한 창고에서 직원회의를 소집했다. 직원이라고 해봐야 아르바이트생 2명이 전부였다. 하지만 그의 말에는 확신이 넘쳤다. 그는 작은 궤짝에 올라가 이렇게 말했다.

"우리 회사는 5년 이내에 1백억 엔, 10년 후에는 5백억 엔, 언젠가는 1조 엔대의 기업이 될 것입니다."

당시는 허름한 창고에서 일하며 당장 눈앞의 상황도 알 수 없는 처지에 있던 때였다. 사실 그곳에서 그렇게 말하기에는 너무 허황되게 보일 뿐이었다. 그 모습을 지켜보던 아르바이트생들에게는 손정의가 과대망상 환자처럼 보였다. 그들은 즉시 회사를 그만두었다. 더 이상 희망이 없다고 여겼기 때문이다. 그러나 손정의가 작은 궤짝에 올라가 한 말은 결국 현실이 되었다. 그는 열아홉 살에 세운 '인생 50년 계획'도 이미 이루었다. 이제는 새로운 비전을 수립하며 나아가고 있다.

빌 게이츠의 비전은 '전 세계 가정에 개인용 컴퓨터를 보급하겠다'는 것이었다. 스티브 잡스는 '우주에 영향을 미칠 만큼 획기적인 컴퓨터를 만들 것이다'라고 했다. 마틴 루터 킹 목사는 '흑인과 백인이 손잡고 나아가는 평등한 세상을 만드는 것'이었다. 이소룡은 '미국에서 최고의 출연료를 받는 슈퍼스타가 되는 것'이라고 했다. 이들은 모두 비전을 이루었다.

학교에서 열심히 공부하고 있지만 비전이 있는 사람과 그렇지 않은 사람은 분명히 차이가 있다. 미래의 선명한 모습을 꿰뚫고 공부하는 사람은 즐겁다. 어렵고 힘든 공부도 견뎌 낼 수 있다. 이미 꿈이 이루어진 자신의 모습을 구체적으로 볼 수 있기 때문이다.

하지만 아무것도 볼 수 없는 사람은 망망대해에서 표류하는 배처럼 막막함을 느끼게 된다. 도착해야 할 항구를 모르기 때문이다. 삶의 지표가 없으니 어디로 방향을 잡아야 할지 알 수도 없다. 하루하루 눈앞에 보이는 일에만 매달리며 살 수밖에 없는 것이다. 그렇게 되면 어렵고 힘든 일이 닥치면 쉽게 포기하고 만다.

이제부터는 자신이 하고 싶고, 이루고 싶고, 해 보고 싶은 일들을 선명하게 그려 보아야 한다. 언제, 어디서, 어떤 옷을 입고, 무슨 일을 하고 있을지 생각해 보아야 한다. 그 일을 통해 궁극적으로 무엇을 해야 할지 질문을 던지며 비전을 디자인해야 한다. 미래를 꿰뚫는 천리안을 가지고 있을 때 현재와 미래의 인생이 달라진다.

좌우명

座右銘

자리 좌 오른쪽 우 새길 명

자리 오른쪽에 적어 두고 보는 글귀라는 뜻으로, 늘 마음에 새겨두고 가르침으로 삼는 말이나 문구를 이르는 말.

기원전 6세기 경 후한(後漢)시대에 최원이라는 사람이 있었다. 최원은 서예가로 명성(名聲)을 날리던 사람이었다.

그에게는 형이 있었는데 그만 괴한에게 죽임을 당하고 말았다. 최원은 괴한을 법의 심판대에 세우는 대신 자신이 직접 형의 복수를 하고 말았다. 그리고 옥에 갇혀 지내야 했다. 오랜 세월이 흘러 형벌이 면제되어 그는 고향으로 돌아올 수 있었다.

집으로 돌아온 최원은 지난날이 후회되었다. 순간의 분노를 참지 못한 것을 부끄럽게 여긴 최원은 자신의 행실을 바로잡을 문장(文章)을 만들었다. 그리고 그 글귀를 쇠붙이에 새겨 책상 오른쪽에 두었다. 그가 적어 둔 글귀는 이렇게 시작한다.

다른 사람의 단점을 말하지 말라.(無道人之短)

자기의 장점도 말하지 말라.(無說己之長)

남에게 베푼 것을 기억하지 말라.(施人愼勿念)

남의 베풂을 받으면 잊어버리지 말라.(受施愼勿忘)

최원은 매일 오른쪽에 붙여둔 글귀를 보며 마음을 가다듬었다. 생활할 때마다 글귀를 생각하며 거울로 삼았다. 그 후 최원의 삶은 좌우명처럼 변화되었다고 한다. 이렇게 해서 좌우명(座右銘)이란 말이 세상에 퍼지게 되었다.

성공한 사람들을 보면 저마다 삶의 지표(指標)가 있다. 그들은 자신이 이루며 나아가야 할 삶의 목적에 따라 기준이 되고 교훈을 주는 글귀를 만들었다. 그리고 전심전력(全心全力)으로 해 나갔다. 삶의 지표가 되는 글귀는 어렵고 힘든 상황을 헤쳐 나가는 원동력이 되어 주었다. 나침반처럼 삶의 올바른 방향을 제시해 주므로 꿈에 집중하게 만든 것이다.

우리나라 경제사에 무(無)에서 유(有)를 창조한 사람이 있다. 바로 현대그룹을 세운 정주영 회장이다. 정주영 회장은 아무것도 없는 황무지에서 불굴의 정신으로 현대그룹이라는 대기업을 일구었다. 초등학교밖에 나오지 못했지만 성공할 수 있었던 근원은 그의 좌우명 때문이다. 그의 좌우명은 '시련은 있어도 실패는 없다'였다.

가난한 시절, 그에게는 아무것도 준비된 것이 없었다. 돈도 배움도 없었다. 주변 상황도 좋지 않았다. 하지만 결코 포기하지 않았다. 원하는 목표를 향해 노력하면 반드시 목표를 이룰 수 있다고 여겼기 때문이다. 그가 평소 한 말을 보면 그것을 알 수 있다.

"생명이 붙어 있는 한 실패는 없다."

"실천이 없다면 어떠한 도전도 쓸모가 없으며, 움직이다 보면 길은 저절로 뚫린다."

"인간이 스스로 한계라고 규정짓는 일에 도전해 그것을 이루어 내는 기쁨을 보람으로 여기고 오늘까지 기업을 해 왔고 오늘도 도전을 계속하고 있다. 인간의 잠재력은 무한하다. 이 무한한 잠재력은 누구에게나 무한한 가능성을 약속한다. 나는 나에게 주어진 잠재력을 활용해서 가능성을 가능으로 만들었다."

정주영 회장의 좌우명에 걸맞은 일화가 있다. 현대건설을 창업할 때였다. 그때는 3,000여 개가 넘는 건설사들이 난립하고 있었다. 건설사를 세운다면 실패할 확률이 매우 높았다. 만나는 사람마다 회사 설립을 반대했다.

하지만 그는 "무슨 일을 시작하든 '된다는 확신 90퍼센트'와 '반드시 되게 할 수 있다는 자신감 10퍼센트' 외에 안 될 수도 있다는 불안은 단 1퍼센트도 갖지 마라"고 외쳤다.

회사를 건립하고 이끄는 데 시련이 닥칠 것은 분명했다. 하지만 절대로 실패하지 않을 것이라는 신념으로 밀어붙였다. 그는 결국 현대건설을 굴지의 기업으로 성장시켰다.

조선소를 세울 때도 마찬가지였다. 그는 조선소를 세울 장소인 미포만의 지도 한 장과 그곳 전경(全景)을 찍은 사진 두 장만을 들고 유조선 주문을 받으러 갔다. 그 모습을 본 사람들은 경악을 금치 못했다. 세계 굴지의 조선소를 대상으로 경쟁을 펼쳐야 했기 때문이다.

그러나 정주영 회장은 절대 실패하지 않는다는 신념으로 계약을 이끌어 냈다. 지도 한 장과 사진 두 장, 그리고 그의 좌우명(座右銘)에 새긴 신념만으로 얻어 낸 값진 결과였다. 그는 영국과 스위스 은행으로부터

건설자금을 빌리는 데도 성공하고 끝내 조선소를 건설했다.

이 모든 것이 '시련은 있어도 실패는 없다'라는 좌우명에서 비롯된 것이다.

임진왜란 때 백전백승(百戰百勝)의 신화를 기록한 이순신 장군. 그도 좌우명을 바탕으로 전쟁에 임해 불패(不敗)의 신화를 기록했다. 이순신 장군은 '죽고자 하면 살 것이요, 살고자 하면 죽을 것이니라'가 좌우명이었다. 죽기를 각오하고 싸움에 임했기에 모든 전쟁에서 승리할 수 있었다.

조선시대 대학자 율곡 이이는 "먼저 크게 뜻을 세워야 한다"라고 했다. 율곡 이이는 20세가 되던 해 앞으로 걸어갈 인생의 이정표(里程標)를 정했다. 자신이 정한 목표를 실천함에 있어서 구체적인 방법을 세워 스스로 경계하는 글을 지어 좌우명으로 삼았다. 그 첫째 좌우명이 성인을 본보기로 삼을 때까지 정진해야 함을 의미한 '먼저 뜻을 크게 세워야 한다'였다. 이때부터 그의 인생은 학문(學問)과 사상에 깊이를 더했고, 조선 중기를 이끌어 가는 대학자가 된 것이다.

피겨의 여왕 김연아는 '고통 없이는 아무것도 얻지 못한다'라는 좌우명을 갖고 있었다. 금메달을 목에 걸기 위해서는 차가운 얼음판에서 수도 없이 넘어져야 했다. 하지만 그 고통 없이는 원하는 꿈을 이룰 수 없다고 생각했다. 수천 번이 넘게 엉덩방아를 찧었지만 김연아는 그때마다 다시 일어섰다. 그리고 마침내 금메달을 목에 걸었다.

역도 선수 장미란의 좌우명은 '할 수 있는 상황에서 최선을 다하자'였다. 야구선수 이승엽 선수는 '진정한 노력은 결코 배반하지 않는다'라는 좌우명을 마음에 새기고 땀방울을 흘렸다.

이 시대를 살며 성공한 사람들도 모두 좌우명이 있었다. 좌우명을 마음에 새기고 하루하루 충실한 삶을 살았던 대가(代價)가 성공이란 값진 열매로 나타난 것이다.

여러분도 원하는 목표를 이루기 위해서는 가슴에 새길 만한 교훈을 적어야 한다. 그것을 책상 앞에 붙여 놓고 매일매일 마음에 새겨야 한다. 좌우명에 새긴 대로 생각하고 행동하면 반드시 풍성한 열매가 맺히게 된다. 좌우명은 우리 삶을 성공의 길로 이끌어 가는 길잡이다.

제나라의 재상 맹상군의 집에는 풍환이라는 식객(食客)이 있었다. 어느 날, 맹상군은 풍환에게 '설' 지방에 가서 빚을 받아오라고 명령했다. 돌아올 때는 집에 없는 선물을 하나 가져오라는 조건도 내걸었다.

설 지방에 도착한 풍환은 빚을 진 사람들에게 이자를 받으며 차용증(빚을 졌다는 것을 증명하는 문서)도 함께 가져오라고 했다. 그러고는 사람들이 보는 앞에서 차용증을 모두 불태워 버렸다. 그리고 이렇게 말했다. "맹상군 나리는 여러분의 성의를 고맙게 여기고 나머지 빚을 면제해 주라고 했습니다.”

집으로 돌아온 풍환에게 맹상군은 선물을 내놓으라고 했다. 그러자 풍환은 자신 있게 “저는 나리 집에 없는 의리를 사 가지고 왔습니다”라고 말했다. 그 말을 들은 맹상군은 몹시 실망했다.

일 년 뒤, 맹상군은 새로 즉위한 왕의 미움을 사 재상 자리에서 쫓겨났다. 삼천 명이나 되는 식객들은 모두 맹상군 곁을 떠났다. 하지만 풍환은 혼자 남아 맹상군에게 설 지방으로 가자고 권했다.

맹상군이 설 지방에 도착하자 많은 사람이 반겨 주었다. 그제야 맹상군은 풍환이 의리를 사 가지고 왔다고 했던 그 뜻을 알게 되었다. 기쁨에 들떠 있는 맹상군을 향해 풍환은 이렇게 말했다.“지혜로운 토끼는 만일을 대비해 세 개의 구멍을 뚫어 둡니다. 이제 우리는 한 개의 굴을 뚫었을 뿐입니다. 나머지 두 개의 굴도 마저 뚫어 드리겠습니다.”

얼마 후, 풍환은 이웃 위나라 혜왕에게 찾아갔다. 맹상군을 등용하면 나라를 일으키고 제나라를 견제하는 데 도움이 될 거라고 설득하기 위함이었다. 그런데 맹상군에게는 혜왕의 말에 응하지 말라는 부탁을 했다.

혜왕이 맹상군을 등용한다는 소문이 제나라 왕의 귀에도 들렸다. 제나라 왕은 맹상군을 빼앗기기 싫어 그를 다시 재상의 자리에 앉혔다. 이것이 풍환이 준비한 두 번째 굴이었다.

풍환은 제나라 왕이 맹상군을 함부로 하지 못하도록 설 지방에 선대왕들의 종묘를 세우도록 했다. 이것이 세 번째 굴이었다. 맹상군은 풍환 때문에 남은 세월을 안전하게 지낼 수 있었다.

이렇게 슬기로운 토끼는 세 개의 굴을 준비한다는 뜻으로, 교토삼굴(狡兎三窟)이라는 말이 생겨났다. 이는 미래를 위해 미리 대비책을 마련해야 한다는 의미다.

자신이 살아갈 날을 미리 한번 살아 볼 수 있다면 어떨까? 마치 영화처럼 자신이 하고 싶고, 이루고 싶고, 경험해 보고 싶은 대로 미리 살아 보는 것 말이다. 가상의 공간에서라도 인생을 한번 살아 본다면 인생이란 무엇인지 앞으로 어떻게 살아야 할지 알 수 있다. 앞으로 일어날 일을 체계적으로 준비할 수 있으므로 시행착오(試行錯誤)도 줄일 수 있다.

이렇게 인생을 미리 살아 볼 수 있는 방법이 있다. 바로 '미래자서전'이라는 도구를 통해서 가능하다. 미래자서전은 자신의 꿈이 이루어졌다는 가정 아래 삶을 마감하는 시점에서 과거를 회상하며 쓴 글을 말한다. 10대 청소년이 탄생부터 유언장까지 쓰며 꿈을 이루어 가는 과정을 스토리화 하는 글이다. 종이 위라는 가상의 공간에서 한평생을 미리 살아 보는 것이다. 그렇게 하려면 인생의 장기 목적을 설정해야 한다. 이를 이루기 위해서는 과정과 행동도 구체화할 필요가 있다.

필자의 전작 《미래자서전으로 꿈을 디자인하라》(알에이치코리아 출판사)는 성공적인 삶을 꿈꾸는 청소년들을 위해 집필했다. 미래

자서전으로 구체적인 꿈을 디자인한
다면 꿈을 이루어 가는 과정을 보다
현실감 있게 체험할 수 있다.

강영우 박사는 한국 최초의 시각
장애인 박사(교육학 전공 철학박사)다.
그는 미국 백악관 국가장애위원회
정책 차관보를 지냈고, 세계 저명인
사 인명사전에 이름이 수록될 정도
로 세계적인 인물이다. 그런데 그의
둘째 아들 강진영 변호사도 2009년
1월에 취임한 오바마 대통령의 백악
관 특별 보좌관으로 임명되었다. 부
자가 대를 이어 백악관에 입성하는
진기록을 세운 것이다. 그는 오바마
정부 2기까지 함께하며 법률고문이
되었다.

강영우 박사의 둘째 아들 강진영
(크리스토퍼 강)이 백악관 법률고문이
될 수 있었던 것은 초등학교 5학년
때 쓴 미래자서전이 한몫했다. 65세
에 은퇴한다는 가정 아래 과거를 회

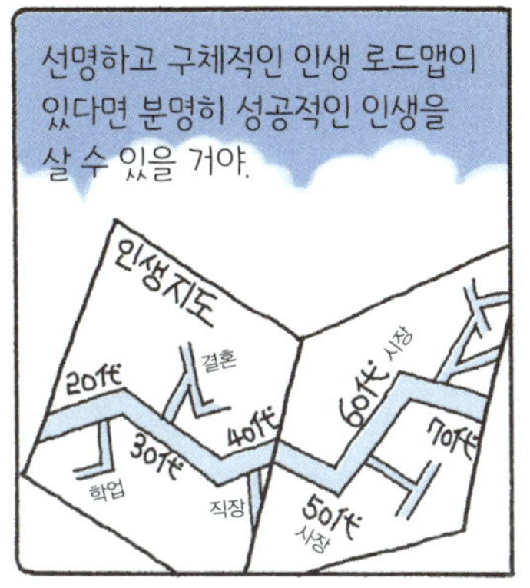

고하는 형식으로 자서전을 써 오라는 언어과목의 과제를 받고 그는 인생 로드맵을 설정했다. 그때까지 강진영은 과학자가 되는 것이 꿈이었다. 하지만 미래자서전 과제를 수행하기 위해 도서관에 드나들면서 연방대법관으로 꿈을 바꿨다.

그때부터 연방대법관이 되기 위한 과정을 디자인했다. 중·고교 과정은 법학전문대학원 입학에 도움이 될 만한 과정을 알아보고 체계적으로 설계했다. 변호사가 되는 것은 혼자의 노력으로 가능했다. 하지만 대법관이 되려면 대통령의 지명을 받아 연방 상원의 인준이 필요했다. 그는 인맥 형성이 중요하다는 사실을 깨닫고 상원의원 보좌관으로 일하고 백악관에서 일해야겠다는 미래를 설계해서 글로 적었다.

그는 중학교부터 백악관에 입성하기까지 자신이 설계한 대로 이루어 갔다. 학교가 조금 다르긴 했지만 삶의 목적과 방향은 일치했다. 그것도 서른두 살의 젊은 나이에 백악관으로 들어간 것이다. 강영우 박사가 백악관으로 들어가게 된 것도 강진영의 역할이 컸다. 강진영이 다닌 학교 교장에게 강영우 박사의 저서《빛은 내 가슴에》를 선물한 것이 계기가 되어 부시정부 때 백악관으로 들어갈 수 있었다.

27세에《고 어라운드》라는 사회학 서적을 출판한 이승환도 미래자서전을 통해 삶의 변화가 일어났다. 하지만 그의 학창시절은 순탄치 않았다. 그는 고등학교를 두 번이나 그만둘 만큼 말썽꾸러기

였다. 그러다 폭행사건에 연루돼 살인 누명을 쓰고 억울한 옥살이
를 5개월 동안 하며 재판을 받기도 했다.

구치소 교육을 마치고 나와서 '나는 어떻게 살아야 하는가?'라는
질문에 대한 답을 찾기 위해 4개월 동안 300권의 책을 읽었다. 독
서를 통해 성공한 사람과 위대한 사람들은 어떠한 삶을 살았는지
를 벤치마킹했다. 이승환은 성공한 사람들처럼 인생을 설계했다.
그리고 그것을 바탕으로 18세 때 《혼자 도는 바람개비》라는 미래
자서전을 썼다. 그는 미래자서전을 쓰는 과정에서 인생의 사명을
발견했다. 가족과 사회, 인류를 위해 어떤 존재가 되어야 하는지에
대한 성찰도 일어났다. 그러자 삶이 바뀌고 사회적으로 영향력 있
는 사람으로 변화될 수 있었다.

이승환은 미래자서전을 쓰면서 자신의 삶이 변화되는 과정을 이
렇게 말했다.

"미래자서전을 써 나가면서 더 큰 세상을 볼 수 있었고, 더 큰 계
획을 가질 수 있었습니다. 제가 나쁜 짓을 하겠다고 치밀한 계획을
세우고 계획대로 행한다면 나쁜 사람으로 성장할 것이 뻔한 것처
럼, 보다 나은 훌륭한 삶을 위해 제 인생을 던지겠다는 치밀한 계
획을 세우고 삶에 임한다면 계획대로 삶을 이끌어 갈 수 있다는 확
신을 갖게 되었습니다."

여러분이 현재 어떤 처지에 있는지는 상관없다. 하지만 앞으로
어떤 인생을 살아가겠다는 구체적인 인생 로드맵만은 반드시 준비

해야 한다. 선명하고 구체적이고 확고한 인생 로드맵이 있으면 분명히 성공적인 인생을 살 수 있다. 거기에 종이라는 가상의 공간에서 미리 인생을 살아 본다면 더욱 강력하게 삶을 변화시킬 수 있을 것이다. 이것이 성공적인 인생을 위해 미리 준비해야 하는 교토삼굴이다.

북조 북위에 이밀이라는 사람이 살고 있었다. 이밀은 공번이라는 유명한 학자를 스승으로 삼아 공부했다. 공번은 학식(學識)과 인품(人品)이 뛰어난 것으로 유명했다. 제자를 가르칠 때도 열정을 다했다. 이밀도 매우 총명해 공번의 가르침을 잘 이해했다.

세월이 흐르자 이밀은 여러 방면에서 공번을 능가했다. 자신만의 사상체계를 세우는 데도 성공했다. 그 모습을 지켜보던 공번이 이밀에게 이렇게 말했다.

"자네는 이미 나의 학문을 뛰어넘었네. 지금부터는 내가 도리어 자네에게 배움을 청해야 할 것 같네."

스승 공번의 말에 깜짝 놀란 이밀은 당황하며 이렇게 대답했다.

"스승님, 가당치 않은 말씀입니다. 제가 감히 스승님을 능가할 수는 없는 일입니다. 그러니 그 말을 거두어 주십시오."

그러자 공번은 조용히 웃으며 이렇게 대답했다.

"성인에게는 정해진 스승이 없다네. 자네가 나보다 하나라도 뛰어난 점이 있으면 나이에 상관없이 내 스승이 될 수 있으니 격식 차리지 않아도 된다네."

이 사실이 세상에 알려지자 사람들은 스승의 용기를 높이 칭찬했다. 또 훌륭한 제자를 두었다고 해서 청출어람(靑出於藍)이라는 말을 했다. 이는 제자가 스승보다 더 뛰어난 실력을 갖추었음을 의미하는 말이다.

"훌륭한 스승 밑에 훌륭한 제자가 난다"는 말이 있다. 좋은 스승의 가르침을 받으면 그만큼 실력 향상에 도움이 된다. 청소년 시기에 꿈을 이뤄갈 때도 참된 스승을 만나는 것이 중요하다. 참된 스승을 만나면 자신의 좋은 점은 살려 주고, 부족한 면은 채워 주기 때문이다. 이런 스승과 항상 함께한다면 꿈에 한 걸음 더 가까이 다가갈 수 있다.

하지만 참된 스승을 만나기란 현실적으로 힘들다. 학교 현장에 좋은 선생님들이 많이 계셔서 잘 이끌어 주시기는 하지만, 자신의 꿈과 관련해 체계적으로 이끌어 줄 만한 롤 모델은 흔하지 않다. 그래서 자신의 꿈과 관련된 롤 모델을 발견하는 것이 중요하다. 롤 모델이 있으면 꿈을 이뤄 가는 과정을 배울 수 있고, 인생 전체의 로드맵을 쉽게 그릴 수 있기 때문이다.

피겨 스케이트의 여왕 김연아의 롤 모델은 미셸 콴이었다. 김연아가 올림픽에서 금메달을 목에 걸 수 있었던 것도 미셸 콴을 롤 모델로 삼고 피나는 연습을 했기 때문에 가능했다.

김연아가 피겨 선수의 꿈을 품은 다음 해에 일본 나가노에서 동계 올림픽이 열렸다. 하얀 얼음판에서 아름답게 연기를 펼치는 미셸 콴을 보고 김연아는 흠뻑 빠져들었고, 그때부터 미셸 콴을 롤 모델로 삼고 세계적인 선수가 되겠다고 결심한다.

김연아는 연습을 할 때마다 미셸 콴이 연기한 것처럼 흉내를 냈다. 그녀의 표정과 손짓까지 똑같이 따라 했다. 그러다 보니 하루가 다르게 실력이 늘었다. 경기가 없을 때는 미셸 콴의 연기를 보며 상상의 나래를 펼쳤다. 자신이 마치 미셸 콴처럼 연기하고 박수갈채를 받은 것마냥 생각했다. 미셸 콴의 모든 것을 자신의 것으로 바꾸기 위해 노력한 것이다.

김연아는 결국 미셸 콴보다 더 좋은 점수로 올림픽 금메달을 획득했다. 피겨 전문가들은 이구동성으로 이야기한다. 이미 김연아가 미셸 콴의 명성을 뛰어넘었다고 말이다. 그만큼 롤 모델을 선정하고 노력한 것은 힘이 있다. 김연아는 롤 모델의 중요성을 이렇게

말했다.

"공부를 하든 운동을 하든 어릴 때부터 나만의 롤 모델을 갖는 것은 큰 도움이 됩니다. 그렇게 힘든 시간을 보내다가 목표에 다다르면 더욱 큰 보람을 느끼거든요."

김연아를 보면 청출어람이 어떤 뜻인지 분명하게 알 수 있다.

《7막 7장 그리고 그 후》의 저자로 유명한 홍정욱은 헤럴드경제와 코리아헤럴드를 이끄는 헤럴드의 회장이다. 그가 미국 유학을 결심하게 된 것은 롤 모델 때문이다. 그는 존 F. 케네디를 롤 모델로 삼았다. 케네디 대통령과 같은 인물이 되려고 케네디 모교인 초우트 로즈마리 홀 고교에 입학 원서를 냈다.

초우트 로즈마리 홀 고교의 문턱은 높았다. 그는 영문학과 작문 등 입학하기 위해 필요한 실력을 제대로 갖추지 못한 상태였다. 그러나 홍

정욱은 포기하지 않았다. 기숙사 불이 꺼지면 화장실에서 새벽까지 공부하며 입학하기 위해 노력했다. 결국은 입학허가서를 받는 데 성공했다. 그는 케네디가 다닌 하버드 대학교에 입학하고 졸업하는 영광도 얻는다. 이 모든 것이 롤 모델을 닮기 위해 철저하게 노력한 결과였다.

너대니얼 호손의 《큰 바위 얼굴》은 누군가를 간절히 바라면 그 모습을 닮아간다는 메시지를 전달하고 있다. 소설의 주인공 어니스트는 마을에 내려오는 전설을 믿었다. 산 위에 새겨진 큰 바위 얼굴을 닮은 사람이 나타날 거라고 확신했다. 하지만 평생을 기다려도 영웅은 나타나지 않았다. 어니스트는 그래도 실망하지 않았다. 자신이 큰 바위 얼굴의 사상과 행동을 닮기 위해 노력하며 산 것이다. 그러자 어느덧 자신이 큰 바위 얼굴의 모습으로 변했다.

롤 모델을 선정하고 따라 한다고 해서 당장에 눈에 띄는 결과가 나타나는 것은 아니다. 하지만 포기하지 않고 기다리고 노력하면 언젠가는 열매를 맺게 된다.

롤 모델이 있으면 그를 통해 꿈을 이루어 가는 과정을 배울 수 있다. 숱한 어려움을 어떻게 극복해야 하는지 방법도 알게 된다. 롤 모델을 보면서 '나도 하면 되겠구나!'라는 희망과 자신감도 생긴다. 그렇게 되면 시행착오를 줄이면서 인생의 목적지를 향해 비교적 쉽고 빠르게 갈 수 있다.

꿈을 이루기 위해 혼자 힘쓰는 것보다 롤 모델을 통해 지혜와 방

법을 배워야 한다. 그들의 좋은 습관을 내 것으로 만들고 끈기를
가지고 노력해야 한다. 그렇게 노력할 때 꿈에 조금씩 다가갈 수
있게 되는 것이다.

여러분이 바라는 분야의 인물을 가슴에 품어라. 그 사람을 닮기
위해 하루하루를 열심히 힘써 보라. 그러면 머지않아 롤 모델보다
더 능력 있는 모습으로 변화될 것이다. 청출어람의 삶이 여러분의
삶 속에서 펼쳐지게 되는 것이다.

위편삼절
韋 編 三 絶
다룸가죽 위 엮을 편   석 삼   끊을 절

책을 맨 가죽끈이 세 번이나 끊어졌다는
뜻으로, 한 권의 책을 반복해서
여러 번 읽은 것을 의미하는 말.

공자(孔子)는 책을 무척 좋아했다. 하지만 나이가 들어 그도 몸을 가누기 힘든 시절로 접어들었다. 그래도 공자는 자신의 몸이 늙어가는 것도 모르고 책을 읽었다. 특히 나이가 들면서부터는 주역(周易)을 좋아했다. 얼마나 주역 읽기를 좋아했는지 밥 먹는 것도 잊어버릴 정도였다. 또한 수도 없이 반복해 읽어 주역을 엮은 죽간(竹簡)의 가죽끈이 끊어질 정도였다. 한 번도 아니고 무려 세 번이나 가죽끈이 끊어졌다. 세월이 더 흘러 공자는 주역을 제대로 읽지 못했다. 그것을 아쉬워하면서 이렇게 말했다.

"만약 나에게 몇 년의 시간을 더 준다면 나는 주역에 담긴 뜻과 사람으로서 마땅히 지켜야 할 도리를 훤히 알 수 있을 것이다."

건강이 허락하지 않아 더 읽고 싶어도 읽지 못한 아쉬움이 담겨 있는 말이다.

죽간은 종이가 만들어지기 전에 대나무에 글을 써서 가죽끈으로 엮은 책을 말한다. 그 가죽끈이 세 번이나 끊어질 정도로 열심히 책을 읽은 것을 의미하는 말이 위편삼절(韋編三絶)이다.

독서(讀書)의 중요성은 마르고 닳도록 이야기해도 부족함이 없다. 그만큼 독서는 공부와 꿈을 이루는 데 밑거름이 되는 중요한 요소다. 독서를 하지 않고는 훌륭한 인물도 될 수 없다. 세계적인 동기부여 연설가이자 작가인 찰스 존스가 있다. 그는 삶을 변화시키기 위해서는 독서가 중요하다고 이야기한다. 그러면서 독서의 중요성을 이렇게 말했다.

"두 가지에서 영향받지 않는다면 우리 인생은 5년이 지나도 지금과 똑같을 것이다. 그 두 가지란 우리가 만나는 사람과 읽는 책이다."

빌 게이츠는 경제력뿐 아니라 독서광으로도 유명하다. 어떤 사람이 빌 게이츠에게 성공의 비결이 뭔지 물었다. 그러자 빌 게이츠는 주저 없이 이렇게 대답했다.

"오늘의 나를 있게 한 것은 우리 마을의 작은 도서관이다. 하버드 대학 졸업장보다 소중한 것이 독서하는 습관이다. 나는 그것을 마을 작은 도서관에서 배웠다."

빌 게이츠는 어렸을 때 도서관이 놀이터였다. 시간만 나면 도서관을 향했고 책 속에 파묻혀 지냈다. 책을 읽고 나면 책과 관련된 상상에 빠졌다. 가족들과의 외출 약속도 잊어버릴 정도였다. 그때 했던 상상(想像)과 공상(空想)이 마이크로소프트사를 세우는 데 밑거름이 되었다.

빌 게이츠는 지금도 매일 밤 한 시간씩 책을 읽는다. 주말이면 두세 시간을 독서에 투자한다. 멀리 출장 갈 때는 반드시 가방에 책을 챙겨 넣는다. 또한 일 년에 두 번은 생각주간을 만들어 아무 일도 하지 않고 책만 보는 시간을 갖는다. 그때는 전화기와 핸드폰도 없이 혼자서 각종 문서와 책을 보며 미래 계획을 수립하는 일만 한다. 그 힘의 바탕이 그를 세계 제일의 부자가 되고 영향력 있는 사람이 되게 한 것이다.

아시아 여성 최초로 하버드 법대 종신교수가 된 석지영이 있다. 그녀는 자신의 인생을 바꾼 것은 책 읽기라고 망설임 없이 이야기한다. 그녀는 어린 시절 학교 수업이 끝나면 도서관으로 향했다. 그곳에서 읽고 싶은 책을 마음대로 읽었다. 집에 돌아올 때는 책을 빌려와서 읽었다. 팔을 다쳐 책장을 넘기지 못할 때는 엄마에게 페이지를 넘겨달라고 하면서 책을 읽었다. 독감에 걸려 아플 때는 오히려 즐거워했다. 하루 종일 꼼짝도 않고 침대에서 책을 읽을 수 있었기 때문이다. 그러면서 그녀는 어린 시절 책을 읽고 싶었던 마

음을 이렇게 말한다.

"이를 닦을 때도, 옷을 입을 때도, 저녁을 먹으면서도 나는 마지못해 덮었던 소설책을 펼치고 싶어 안달이 났다. 가족들이 모두 잠든 밤에도 열렬하게 책을 읽고 싶어 침대 밑에 스탠드 램프를 숨겨 놓았다."

SAT 만점, 아이비리그 9개 대학 동시 합격의 주인공이자 《공부는 내 인생에 대한 예의다》의 저자 이형진. 이형진도 현재 자신이 있기까지는 독서가 중요했다고 말했다.

"사람은 자신이 아는 만큼 보고 아는 만큼 사유하기 마련이다. 그리고 '앎'을 풍성하고 다채롭게 채워 주는 도구로 책만큼 유용하고 효과적인 것은 없다. 한 사람이 평생에 걸쳐 갈고닦은 지식을 우리는 한 권의 책을 통해 전수받는다. 그것이 책이 지닌 힘이며, 우리가 독서를 해야 하는 이유다. 더욱이 독서력은 모든 학습의 기본이자 핵심이다. 뭔가를 읽고 그 내용을 이해하는 것은 모든 공부의 기본이 되기 때문이다. 세상에 관한 이해의 지평이 넓어질 뿐만 아니라, 이해력과 독해력을 길러 준다는 측면에서도 아주 중요한 학습능력이다."

책을 많이 읽는 것도 중요하지만 읽는 방법도 중요하다. 책을 어떻게 읽어야 할지는 시골의사로 유명한 박경철의 말에 귀를 기울여 볼 만하다.

"완독, 다독보다 중요한 것은 독서 후의 사유다. 한 권의 책을 읽으면 그 책을 읽는 데 투자한 시간 이상 책에 대해 생각하는 것이 중요하다. 독서는 지식을 체화하고 사유의 폭을 넓히는 수단이다. 성찰의 실마리를 던져 주지 못한 책은 시간을 파먹는 좀벌레에 불과하다. 한 권의 책을 읽더라도 저자의 사상을 이해하고 그것을 나에게로 끌어들여 내 생각을 교정해냈느냐가 중요하다는 것을 기억하자."

박경철은 한 권을 읽더라도 책에서 주는 메시지를 잘 기억하고 내면화해야 한다고 주장한다. 공자가 주역을 읽으면서 가죽끈이 세 번씩이나 끊어질 정도로 읽었던 이치와 비슷하다.

대한민국 청소년뿐만 아니라 청년들의 영원한 멘토인 한비야. 그녀도 청소년들에게 언제나 독서를 강조한다. 독서로 무장해야 세계를 주도하는 글로벌 리더의 나라가 될 수 있다고 여기기 때문이다. 한비야도 성공한 다른 사람들처럼 책을 많이 읽기로 유명하다. 한비야는 고등학교 1학년 때부터 매년 백 권 읽기를 실천했다. 그것을 무려 30년 넘게 해 온 것이다. 긴급구호 팀장으로 해외 출장을 수도 없이 다녀도 한 해도 거르지 않았다. 비행기 안에서나 비행기를 기다릴 때나 어김없이 책을 꺼내 들었다. 그녀가 청소년과 청년의 멘토를 넘어 세계적으로 영향력을 미치며 사는 밑바탕에는 30년 넘게 이어온 '1년에 백 권 읽기' 실천이 자리하고 있는 것이다.

풍성한 열매를 거두려면 반드시 씨앗을 뿌려야 한다. 씨앗을 뿌리지 않으면 아무리 땅이 기름지고 날씨가 좋아도 열매를 거둘 수 없다. 꿈을 이루는 것도 마찬가지다. 원하는 꿈을 이루려면 반드시 꿈의 씨앗을 뿌려야 하는데 그중의 하나가 독서다. 위편삼절의 정신으로 독서에 힘쓰자. 오늘 읽은 책이 내일의 나를 만들고 미래(未來)를 결정한다.

제2장

내 가슴을 뛰게 해야 꿈은 전진한다

형설지공

螢雪之功

반딧불 형　눈 설　갈 지　공 공

반딧불과 눈의 빛으로 글을 읽어 얻은
성과란 뜻으로, 어려운 환경을 이겨내고
공부하여 성공했다는 의미의 말.

진나라의 효무제 때 '손강'과 '차윤'이라는
사람이 살고 있었다. 손강은 어린 시절부터 바르고 정직했다. 말
과 행동을 함부로 하지 않고 매사에 조심스럽게 행동했다. 글공부
에도 최선을 다했다. 하지만 집이 가난해 밤에는 등불을 켤 기름을
살 돈이 없어 책을 읽을 수가 없었다.

추운 겨울, 속이 상한 손강은 창문을 열고 밖을 내다봤다. 그런
데 새하얀 눈에 달빛이 반사돼 반짝반짝 빛이 났다. 그때 머릿속을
스치고 지나가는 생각이 있었다.

‘그래! 눈빛에 책을 비춰 보면 되겠어!’

손강은 그때부터 추위를 무릅쓰고 눈빛에 의지해 책을 읽으며 공부했다. 그렇게 노력한 보람으로 손강은 어사대부라는 높은 벼슬까지 올랐다.

차윤도 어려서부터 학문에 관심이 많았다. 하지만 집이 가난해 공부를 할 수 있는 여건이 되지 않았다. 낮에는 부모님을 도와서 들에 나가 일을 해야 했고 밤이 돼야 책을 펼칠 수 있었다. 그러나 등불을 밝힐 기름이 없었다.

책 읽을 방법을 궁리하고 있는데 마침 반딧불이가 눈앞으로 지나갔다. 차윤은 무릎을 쳤다.

‘그래! 반딧불을 잡아 책을 보는 거야!’

차윤은 얇은 명주주머니를 만들어 반딧불을 잡아넣었다. 그러자 어둡던 방이 대낮처럼 환해졌고, 차윤은 그 빛을 의지해 글공부를 했다. 그렇게 열심히 공부한 덕에 차윤은 이부상서라는 높은 벼슬에 오를 수 있었다.

이처럼 형설지공(螢雪之功)이란 어려운 상황에서도 공부를 열심히 하고자 하는 의지를 일컬을 때 사용한다.

명확한 꿈이 있으면 환경은 더 이상 걸림돌이 되지 않는다. 반드시 이루어야 할 꿈이 있으므로 어떤 환경에서든 ‘하면 된다’는 생각으로 접근한다. 그런 삶에서 열정이 뿜어져 나온다. 열정은 자신이 처한 상황과 환경을 무력하게 만들어 버린다. 선택과 집중도 가능하므로 주변을 돌아볼 틈이 없기 때문이다. 열정은 오직 목표만을 향해 전진하게 만드는 로켓 엔진과 같다.

세상에서 가장 못생긴 발로 유명한 강수진. 그녀는 발레에 대한 열정적 마음 하나로 세계적인 발레리나가 되었다. '강철 나비'라는 별명도 그 때문에 붙여졌다. 수많은 불리한 조건을 극복해 내는 강철같은 의지를 지녔다고 해서 사람들이 지어 주었다. 그만큼 강수진의 발레 인생은 험난했다.

세계적인 발레리나들은 어린 나이에 발레를 시작한다. 어렸을 때부터 차근차근 기본기를 익혀야 세계적인 선수로 성장할 수 있기 때문이다. 하지만 강수진은 꽤 늦은 열네 살에 발레를 시작했다. 운 좋게 모나코 왕립발레학교에 입학했다. 하지만 그중에서 제일 발레를 못하는 학생에 속했다. 자신의 실력이 파악되자 그때부터 피나는 노력을 했다. 밤새워 연습한 날이 셀 수 없이 많았다. 그 결과 1985년 17세에 동양인 최초로 스위스 로잔 발레콩쿠르에서 1위를 차지하게 되었다.

그 후 강수진은 슈투트가르트 발레단 역사상 최연소로 화려하게 입단했다. 희망을 품고 입단했지만 세계 정상의 발레단에서 강수진에게 돌아오는 배역은 없었다. 더욱이 동양인 외모가 너무 눈에 띄어 여러 명이 함께 추는 군무조차 맡기가 어려웠다. 그래서 2년 동안 무대에 서지 못했다.

그때 강수진은 발레를 계속하느냐 마느냐를 심각하게 고민했다.

그러나 열정을 쏟아부었던 발레를 쉽게 포기할 수 없었다. 다시 일어서야겠다는 다짐을 하며 연습에 돌입했다. 하루에 4켤레의 토슈즈(발레를 할 때 신는 신발)가 닳을 만큼 지독하게 연습에 몰입했다. 눈뜨고 있는 시간은 오직 발레만 하는 연습벌레가 된 것이다. 그렇게 연습벌레가 되자 닳아서 신지 못하는 토슈즈가 한 시즌에 150켤레가 되었다. 1년을 모으자 1,000켤레가 될 정도였다. 그렇게 해서 세상에서 제일 못생긴 발이 탄생했다.

발이 기형이 되도록 연습을 한 후부터 무대에 서는 횟수가 늘었다. 수많은 주인공역을 맡고 박수갈채를 독차지했다. 최고무용수라는 호칭을 받으며 승승장구했다. 모든 것이 발레에 열정을 쏟아부은 결과였다.

그녀가 삶의 열정을 쏟아부을 수 있었던 것은 꿈에서 시작되었다. 꿈

의 중요성을 그녀는 자서전에서 이렇게 밝혔다.

"꿈을 놓치지 마라. 꿈이 없는 새는 아무리 튼튼한 날개가 있어도 날지 못하지만 꿈이 있는 새는 깃털 하나만 가지고도 하늘을 날 수 있다. 지금 내가 열정적으로 활동할 수 있는 이유는 내 몸이 튼튼하거나 내 나이가 젊어서가 아니다. 놓치고 싶지 않은 꿈을 가지고 있기에 나를 미치게 만드는 꿈을 가지고 있기에 깃털 하나만으로도 무대 위에서 날아다닐 수 있는 것이다."

《하루라도 공부만 할 수 있다면》의 저자 박철범이 있다. 박철범의 어린 시절은 불우했다. 부모님의 불화로 안정적인 생활을 할 수 없었다. 부모님이 이혼을 하자 여동생과 함께 외할머니의 손에 키워졌다. 중고등학교는 일곱 번이나 옮겨 다녀야 했다. 빚쟁이들이 한밤중에 찾아와 자고 있는 박철범의 배를 발로 걷어차 깨우기도 했다. 돈을 받으러 학교까지 빚쟁이들이 찾아오는 일도 있었다. 불안정한 생활 탓에 공부를 제대로 할 수 없었다. 학교에서는 말썽꾸러기가 되었고 항상 꼴찌를 면치 못했다.

박철범은 가난하고 공부를 못 한다고 항상 사회에서 무시를 당했다. 그러다 공부는 뒷전이고 말썽만 피우는 자신을 발견하고 사회에 맞서 한번 해보자는 생각으로 고등학교 1학년 무렵부터 공부를 시작했다.

공부에 대한 생각이 달라지니 삶도 달라졌다. 서서히 성적이 오르기 시작했고 주변에서 자신을 바라보는 시각도 변했다. 그러다

보니 공부에 대한 흥미도 높아졌다. 공부만큼 정직한 것이 없다는 생각도 들었다. 자신이 한 만큼 결과가 나왔기 때문이다. 그는 성적을 올리기 위해 공부보다 재미있는 일은 하지 않았다. 열정을 다해 공부에 매진하자 6개월 만에 1등으로 올라섰다. 성적은 계속 올랐지만 가정환경은 나아지지 않았다. 공부에 온전히 몰입할 수 있는 시간을 허락하지 않을 정도로 불안했다. 전학과 이사를 밥 먹듯이 해야 했기 때문이다. 그때 박철범은 생각한다. '하루라도 공부만 할 수 있다면.'

그는 모든 사람이 부러워하는 서울대에 합격하지만 자신이 가야 할 길이 아님을 알고 재수를 선택한다. 그리고 인권변호사가 되고 싶어 고려대 법대를 선택하고 보기 좋게 합격했다. 이 모든 것이 간절한 꿈을 품고 있었기에 가능했다. 공부에 하루도 집중할 수 없었지만 가족을 위해 힘없는 사람들을 위해 도움을 주겠다는 간절한 삶의 목표가 그를 꼴찌에서 1등으로 바꿔 놓은 것이다.

간절하고 명확한 꿈이 있으면 환경은 아무것도 아니다. 언제라도 차고 올라가는 강력한 엔진 같은 열정이 솟아나기 때문이다. 열정은 자동차의 엔진과 같아 어렵고 힘든 삶의 고갯길도 쉽게 올라가게 해 준다. 그러니 현재 처한 상황보다 이루어질 꿈을 바라봐야 한다. 그 꿈에 형설지공의 마음만 있으면 눈부신 미래가 기다리고 있을 것이다.

배수진
背水陣
등 배　물 수　진칠 진

물을 등지고 진을 친다는 뜻으로,
더 이상 물러설 수 없는 곳에서 죽을 각오를
하고 어떤 일에 임한다는 의미의 말.

　　한나라의 유방이 어느 날 한신에게 조나라를 공격하도록 했다. 그 소식을 들은 조나라는 미리 성을 쌓고 전쟁 준비에 돌입했다. 군사들을 재배치하며 단단히 대비했다. 그 사실을 안 한신은 걱정이 태산 같았다. 병사들은 점점 지쳐 가고 적들은 만반의 준비를 하고 있으니 시간을 끌면 승산(勝算)이 없다고 여겼다.

　　한신은 꾀를 내어 군사들에게 강을 등지고 진을 치게 했다. 2,000명의 기마부대는 성이 보이는 곳에 숨어 있게 했다. 그리고 기마부대에 명령을 내렸다. 조나라가 성을 비우면 그 틈을 이용해 성을 차지하고 한나라 깃발을 세우라고 했다.

한신은 치밀한 작전을 세우고 군사를 이끌고 성문까지 진격해 나갔다. 적은 수로 공격하는 한나라 군대를 본 조나라 군사들이 성문을 열고 나왔다. 이때 한신은 거짓으로 패한 척하며 강가에 진을 치고 있는 쪽으로 도망쳤다.

기세등등(氣勢騰騰)해진 조나라 군사들은 성을 비우고 한신의 군사를 추격했다. 드디어 강가에서 두 군대가 마주쳤다. 하지만 강물을 등진 한신의 군사들은 더 이상 물러설 곳이 없다는 것을 알고 죽기 살기로 싸웠다. 그 틈을 이용해 기마부대는 텅 빈 성을 싸우지도 않고 차지하고 한나라 깃발을 세웠다.

조나라 군사들은 성에 꽂힌 깃발을 보고 깜짝 놀라고 말았다. 그러고는 겁에 질려 뿔뿔이 흩어졌다.

전투가 끝나자 한신의 부하들이 한신에게 물었다.

"장군님, 왜 군사들에게 강을 등지고 진을 치라고 하셨습니까?"

"병사들이 지쳐서 그대로 싸우면 질 것이 분명하다. 그래서 배수진을 생각한 것이다. 적에게 밀려 강물에 빠져 죽느니 죽기 살기로 싸워 적을 물리치는 게 더 낫지 않겠느냐."

이 전쟁에서 한신은 크게 승리했다. 그의 군대는 적은 숫자였지만 군사들이 강을 등지고 죽기 살기로 싸운 덕분이었다. 이렇게 배수진(背水陣)은 더 이상 물러설 수 없는 곳에서 죽을 각오를 하고 어떤 일에 임하는 의미의 말로 쓰인다.

죽기를 각오하고 덤빈 사람을 이기기는 힘들다. 꿈을 이루기 위해 절박한 심정으로 노력하는 사람도 이길 수 없다. 그들의 마음속에는 꿈에 대한 간절한 열망이 있기 때문이다.

춤에 대한 열정 하나로 세계적인 스타가 된 사람이 있다. 바로 가수 비(정지훈)다. 가수 비는 초등학교 6학년 수학여행에서 춤을 추다 댄스가수가 되고 싶다는 꿈을 품었다. 그때부터 시간이 날 때마다 춤을 추며 연습에 임했다.

고등학생이 되었을 때는 굳건한 마음으로 연습에 임해야겠다고 생각했다. 그는 마음을 다잡기 위해 방 천장에 다음과 같은 글을 적어서 붙여 놓았다.

'안심하면 무너진다.' '끝까지 인내하자.' '끝까지 노력하자.' '끝까지 겸손하자.'

매일 춤 연습으로 땀범벅이 되어 잠자리에 들 때면 천장에 써 놓은 글이 보였다. 연습에 게을러질 때면 글귀가 마음을 때리는 것 같을 때도 있었다. 그때마다 마음을 새롭게 하고 피나는 연습을 거듭했다.

어느 날, 비는 아는 형을 따라 JYP엔터테인먼트에 가게 되었다. 자신이 제일 좋아하는 롤 모델인 박진영 앞에서 오디션을 볼 수 있는 기회가 주어진 것이다. 그는 간절한 마음으로 춤을 추었다. 무려 5시간을 한 번도 쉬지 않았다. 너무나 간절하고 열정적인 마음으로 춤을 추고 있는 비를 보며 박진영도 감동했다.

훗날 박진영은 비가 오디션을 보던 당시를 떠올리며 이렇게 말했다.

"걔 눈에서 배고픔과 절박함이 보였어요. 실력보다 열정이 보였지요. '아…… 이거 아니면 죽겠구나' 그런 생각이 들었어요."

비의 절박한 마음이 박진영의 마음을 움직였고 당당히 오디션을 통과했다.

우리나라 대표 농산물 브랜드 '총각네 야채가게'를 만든 사람이 있다. 《인생에 변명하지 마라》를 쓴 이영석이 그 주인공이다. 그는 맨주먹으로 성공신화를 이끌며 전국 40여 개의 점포를 거느린 CEO가 되었다.

이영석은 돈도 빽도 없었다. 그에게 있는 것은 성공에 대한 절박한 심정뿐이었다. 그는 한 번도 성공하고 싶다는 절박함을 잊어본 적이 없다

고 한다. 그는 야채장사를 시작한 후 매일 새벽 1시 15분에 일어났다. 15년 동안 하루도 거르는 날이 없었다. 새벽에 일어나는 일이 너무 힘겨웠지만, 절실함 때문에 알람시계 5개를 맞춰 놓고 잤다. 너무나 성공하고 싶고 부자가 되고 싶어서 선택한 길이었다.

그렇게 야채장사로 성공하고 싶어 했던 그는 서른에 강남에 16평짜리 ‘총각네 야채가게 1호점’의 문을 열었다. 그리고 바로 그 해 60억의 연 매출을 올렸다. 절실한 마음으로 목표를 세우고 행동하자 그의 꿈은 현실이 되었다. 그는 이제 야채장사를 넘어 성공학 강사로 TV와 학교, 기업을 무대로 영향력을 넓혀 가고 있다.

이영석은 성공하고 싶다는 절실함이 먼저 있어야 한다고 강조한다. 그러면 그에 따른 구체적인 방법은 스스로 찾게 된다고 말한다. 누가 시키지 않아도 삶에 열정을 쏟아붓게 된다는 것이다. 이것이 이영석이 말한 성공의 원리다.

애플의 창시자이자 창의적인 인물의 대명사인 스티브 잡스도 절박함의 중요성을 강조했다. 스탠퍼드 대학 졸업 축사에서 그는 “항상 배고프고 바보처럼 살아라”라고 말했다. 항상 배가 고프다는 것은 절박함을 의미한다. 배고픔처럼 절박한 것은 없다. 하루만 굶어도 생각은 온통 먹는 것뿐이다. 보이는 것도 모두 먹을 것으로 보인다. 이처럼 매사에 절박한 마음으로 살라는 메시지를 명문대를 졸업한 사회 초년생들에게 주문한 것이다. 그래야 꿈에 몰입할 수 있고, 나아가 원하는 삶의 목표를 성취할 수 있기 때문이다.

청소년들의 삶도 다르지 않다. 가수 비처럼 꿈에 대한 절실함이 있어야 한다. 정말 하고 싶고, 원하고 이루고 싶은 꿈을 찾아야 한다. 간절하게 원하는 꿈이 있으면 도전하지 못할 것이 없다. 삶 속에 배수진이 쳐 있으니 더 이상 물러설 곳이 없다는 각오로 덤빌 수 있다. 그렇게 죽기를 각오하고 덤비면 어떤 꿈이라도 성취할 수 있다. 이것이 꿈을 이루는 원리다.

우공이산

愚 公 移 山

어리석을 우 귀신 공   옮길 이   산 산

우공이 산을 옮긴다는 뜻으로,
아무리 어리석어 보이는 일이라도 끊임없이
노력하면 이루어진다는 의미의 말.

옛날 북산에 우공이라는 90세 할아버지가 살고 있었다. 할아버지 집 앞에는 거대한 산이 두 개나 있어 다니기가 몹시 불편했다. 어느 날, 우공은 가족들에게 산을 옮기겠다고 말했다. 그 말을 들은 가족들은 모두 돕겠다고 나섰다. 하지만 그의 부인만 코웃음을 쳤다.

"그건 말도 안 돼요. 청년들도 산을 옮기는 일이 힘든데 당신은 아흔 살이에요. 그리고 만일 산을 옮긴다면 그 많은 돌과 흙은 어떻게 하려고 그러세요."

부인의 말을 들은 우공은 망설임도 없이 이렇게 대답했다.

"그야 발해 바다에 버리면 되지 무슨 걱정이오."

우공이 말한 발해는 한 번 갔다 오는 데 1년이 걸리는 거리였다. 무모하게 보였지만 그는 열심히 일했다. 그 모습을 이웃의 지수라는 사람이 보고 비웃으며 이렇게 말했다.

"당신은 참 어리석구려. 지금 나이가 몇인데 산을 옮기겠다는 것이오. 내가 보기엔 언덕 귀퉁이 하나도 옮기지 못할 것 같소."

그러자 우공은 태연하게 대답했다.

"내가 죽으면 내 아들이, 아들이 죽으면 손자가 하고, 이렇게 자자손손 산을 옮기다 보면 평평해질 날이 오지 않겠소?"

이 말을 듣고 깜짝 놀란 것은 다름 아니라 산을 지키는 산신령이었다. 산이 없어지면 자신들이 살 곳이 없어지기 때문이다. 산신령들은 하느님께 말해 우공을 말려달라고 간청했다. 그러나 하느님은 우공의 간절한 마음에 감동을 받아 두 산을 다른 곳으로 옮겨주었다.

이는 어리석은 영감이 산을 옮겨 놓는다는 말로 남 보기에는 미련한 것처럼 보이지만, 한 가지 일을 계속 물고 늘어지면 언젠가는 목적을 달성하게 된다는 의미다.

인디언들 가운데 한 번도 기우제(祈雨祭)에 실패하지 않은 종족이 있다. 이들이 기우제를 드리면 반드시 비가 내린다. 그들의 비법은 간단하다. 비가 내릴 때까지 기우제를 드리는 것이다. 마찬가지로 꿈은 포기하지 않는 한 반드시 이루어진다.

카카오톡을 만든 이제범 대표는 어린 시절부터 사업가가 꿈이었다. 언젠가는 자신만의 벤처회사를 만들어 사회에 기여하고 싶다는 생각을 했다. 그는 어린 시절부터 도전과 모험을 좋아했다. 특히 프로그래밍을 좋아해 초등학교 4학년 때부터 직접 프로그램을 개발하기도 했다. 그런 과정에서 미래에 대한 꿈을 구체화할 수 있었다.

처음 야심차게 준비한 사업들은 번번이 실패했다. 3년 동안 수없는 시도와 실패를 번갈아 했다. 여러 차례 실패를 겪다 보니 실패가 오히려 자연스러울 정도였다. 그래도 그는 포기하지 않았다. 더욱이 그런 실패가 전화위복(轉禍爲福)이 되었다. 그는 실패로 얻은 지혜를 바탕으로 신제품 개발에 대한 새로운 규정을 만들었다. 그 규정은 한 가지 제품을 개발할 때는 4명이 2개월 안에 끝내는 것이었다. 그 규정을 지킨 결과 카카오톡이라는 대박 상품을 개발하게 된 것이다.

살아가면서 삶에 필요한 지혜는 저절로 생기지 않는다. 수많은 실패와 시도 속에서 경험이 생기고, 그런 경험이 지혜로 연결되는 것이다. 그러니 어떤 좌절을 겪더라도 도전을 포기하면 안 된다. 실패는 또 다른 성공을 위한 하나의 과정에 불과하다.

프랑스의 세계적인 잡지 〈엘르(Elle)〉의 편집장인 도미니크 보비는 뇌졸중으로 갑자기 쓰러졌다. 3주 후 의식을 회복했지만 전신마비가 되어 간신히 왼쪽 눈꺼풀만 움직일 수 있을 뿐이었다. 사람들은 그의 생명이 끝난 것이라 생각했다. 대화도 할 수 없고 몸도 움직일 수 없었기 때문이다.

그런데 그는 눈을 깜빡이는 신호로 알파벳을 지정해 글을 쓰기 시작했다. 프랑스인이 많이 사용하는 알파벳의 빈도에 따라 한 번 깜박이면 'E', 두 번 깜박이면 'S'가 되는 형식이었다. 그는 대필자를 이용해 20만 번의 눈을 깜박여 15개월 만에 '잠수복과 나비'라는 책을 썼다. 자신의 몸을 잠수복에 비유해 쓴 것이다. 그는 삶에 대해 이렇게 말했다.

"혼수상태에서 벗어난 직후 휠체어에 앉아 산책에 나섰을 무렵, 우연히 등대를 발견한 것은 길을 잃은 덕분이었습니다."

그렇다. 길을 잃은 사람에게 등대가 필요하듯이, 아직 무엇을 할지 몰라 막막해하는 청소년들에게 꼭 필요한 것은 꿈과 희망이다. 꿈을 품고

그것을 향해 나아가면 되는 것이다. 그는 왼쪽 눈꺼풀만 움직일 수 있었지만 보통사람도 힘들어하는 책을 펴냈다. 자신의 꿈을 향해 20만 번이라는 눈꺼풀을 움직인 것이다.

도달해야 할 꿈을 향해 전진하면 언젠가 꿈은 이뤄진다. 하지만 대부분의 사람들이 중도에 포기하는 경우가 많다. 그 이유는 꿈을 이뤄 가는 과정에서 견뎌야 할 고통의 무게가 크다고 생각하기 때문이다. 일찍이 그리스 철학자 에픽테토스도 이와 같은 말을 했다.

"인간은 힘든 일 때문에 힘들어하는 것이 아니라 그 일을 힘들다고 여기는 생각 때문에 힘들어 한다."

스스로 힘들다고 여기면 도전조차 할 수 없다. 때로는 야심차게 전진하다가도 슬그머니 경로를 바꾸거나 포기하고 만다. 이 세상 모든 결과물은 노력의 산물이다. 노력 없이 되는 것은 없다. 포기하지 않고 끝까지 노력했을 때 원하는 삶의 목표를 이루게 된다.

악마들이 모여 인간낚시 대회를 열었다. 누가 더 많은 인간들을 낚는지 알아보기 위해서였다. 그들 중 유난히 눈에 띄는 악마가 있었다. 그는 다른 사람들보다 훨씬 많은 인간들을 낚았다. 그의 자루가 그것을 증명했다. 큰 자루가 꽉 찰 정도도 많은 인간이 담겨 있었다.

비결이 궁금한 다른 악마가 놀란 눈으로 다가와 그에게 물었다.

"도대체 어떤 미끼를 썼기에 인간을 그리 많이 낚을 수 있었소?"

그러자 1등을 한 악마는 아무 표정도 없이 대답했다.

"간단하지. '너는 이미 늦었어. 그러니 포기해'라는 미끼를 사용했지."

별것 아니라고 생각한 악마는 의외라는 표정으로 다시 물었다.

"아니, 그게 그렇게도 효과가 좋은가요?"

1등한 악마는 이런 것도 모르고 있었냐는 듯이 조용히 말했다.

"그럼. 인간들은 전혀 늦지 않은 상황인데도 누군가가 옆에서 늦었다고 말하면 정말 그렇다고 믿어 버리거든. 그러고는 스스로 포기하고 말지."

1등을 한 악마는 인간들의 행동을 자세히 파악하고 있었다. 인간이 어려운 상황에 닥치면 스스로 포기하는 행동을 살피며 미끼를 던진 것이다. 그리고 조금이라도 열심히 하려고 힘쓰면 곁에 다가가 이렇게 속삭였다.

"그렇게 해도 달라지는 것은 없어. 그러니 포기해!"

그러면 사람들은 어김없이 스스로 포기하고 말았다.

지금도 이런 악마들이 우리 주변에 끊임없이 서성이고 있다. 잠시라도 한눈을 팔면 어김없이 우리에게 미끼를 던져 포기하게 만든다. 악마를 이기는 힘은 간단하다. 포기하지 않고 끝까지 해보겠다는 마음만 품고 있으면 된다. 제아무리 달콤한 것들로 유혹해도 해내고 말겠다는 마음을 버리지 않으면 그만이다. 어떤 상황에서도 반드시 꿈을 이루겠다는 우공이산(愚公移山)의 정신이 있으면 꿈은 이미 이룬 것이나 다름없다.

괄목상대
刮目相對
긁을 괄　눈 목　서로 상　대할 대

눈을 비비고 상대를 다시 본다는 뜻으로,
학식이나 재주가 몰라보게
발전하는 것을 의미하는 말.

삼국시대 오나라의 왕인 손권에게는 여몽이라는 장수(將帥)가 있었다. 여몽은 처음에 졸병(卒兵)이었지만 전쟁터에서 많은 공을 세워 장수가 되었다. 하지만 그는 무공은 뛰어났지만 글을 읽을 줄 몰랐다.

어느 날, 손권은 여몽을 불러 이렇게 말했다.

"여몽, 그대는 오나라에서 가장 용감한 장수요. 하지만 글을 모르니 병서도 읽지 못하지 않소? 그러니 하루빨리 글을 익혀 지식을 쌓도록 하시오."

손권의 말을 들은 여몽은 부끄러워 얼굴이 벌겋게 달아올랐다. 그때부터 여몽은 전쟁터에서도 책을 놓지 않을 정도로 열심히 학문과 병법을 익혔다.

시간이 흐른 후, 뛰어난 학식을 지닌 재상 노숙이 여몽을 찾아왔다. 여몽과 긴히 의논할 일이 있어서였다. 둘이 한참을 이야기하는데 노숙은 깜짝 놀라고 말았다. 무식하기로 소문이 났던 여몽이 너무나 많은 지식을 가지고 있었기 때문이다.

"아니, 자네가 진정 여몽이 맞는가? 언제부터 그렇게 공부를 많이 했는가?"

그러자 여몽은 조용히 미소를 지으며 말했다.

"선비라면 헤어진 지 사흘이 지나면 눈을 비비고 다시 볼 정도로 달라져야 하는 것이지요."

그 뒤 노숙이 세상을 떠나자 여몽은 뛰어난 지식과 용맹함으로 손권을 도와 큰 공을 세웠다고 한다. 그때부터 학식이나 재주가 몰라보게 발전하는 것을 일컬어 괄목상대(刮目相對)라고 했다.

삶에서 뚜렷한 목표가 설정되면 방황하지 않는다. 도달해야 할 목표가 분명하기 때문에 선택과 집중이 가능하기 때문이다. 이들은 한눈팔지 않고 오직 삶의 목표를 향해 뚜벅뚜벅 걸어갈 뿐이다.

토끼와 거북이가 재 경주를 했다. 잠을 자다 억울하게 패한 토끼의 도전으로 시작된 것이다. 토끼는 재 경주를 통해 무너진 자존심을 회복하려고 했다. 드디어 경주가 시작되었다. 출발선에 선 토끼

는 굳은 다짐을 했다.

'이번에는 절대 잠을 자지 않고 반드시 깃발을 차지하고 말거야'

출발 신호가 울리기가 무섭게 토끼는 산 정상을 향해 달렸다. 어느새 산 정상에 다다랐다. 경기는 싱겁게 끝날 것 같았다. 그런데 그때 토끼에게 묘한 복수심이 불타올랐다. 첫 번째 경주에서 진 후 숲 속 동물들에게 놀림당한 것을 생각하면 정말 끔찍했다. 그런 아픔을 거북이에게 되돌려주고 싶었다. 그래서 산 정상 아래 나무 뒤에 숨었다가 거북이를 놀려 주고 유유히 결승선에 올라 깃발을 뽑기로 마음먹었다. 절대 잠을 자지 않아야겠다는 다짐도 함께 했다. 하지만 한참을 기다려도 거북이는 나타나지 않았다.

산 정상을 향해 가던 거북이는 그만 길을 잃었다. 어디로 가야 할지 모른 거북이는 이렇게 생각했다.

'여긴 산이니까 위로만 가면 정상에 다다를 수 있을 거야!'

거북이는 수풀이 우거진 길을 걸으며 산 정상이라는 목표를 향해 엉금엉금 올라갔다. 한참을 오르자 어느덧 정상이 보였다. 깃발도 그대로 있었다. 거북이는 토끼가 자기를 기다리다 지쳐 깃발을 두고 갔다고 여기고 깃발을 뽑아 들고 산 아래로 내려갔다. 산을 내려가던 거북이는 나무 뒤에 숨어 산 아래를 빠끔히 바라보고 있는 토끼를 발견했다. 두 번째 경주에서도 결국 거북이가 승리했다.

미국의 사격선수 매튜 에몬스는 사격 실력이 뛰어났다. 2004년 아테네 올림픽부터 2012년 런던 올림픽까지 지속적으로 출전할 정도였다. 그런데 그의 실력 못지않게 사람들의 이목을 집중시킨 일이 있었다. 2004년 아테네 올림픽 결선에서 9발까지 그는 선두를 달렸다. 마지막 한 발이 최저점에 맞아도 금메달은 확정적이었다. 그가 마지막 한 발의 방아쇠를 당겼다. 보기 좋게 10점에 명중했다. 그런데 놀랍게도 자신의 표적지가 아닌 옆 선수의 표적지를 향해 방아쇠를 당긴 것이다. 결국 마지막 발이 0점 처리되어 금메달을 획득하지 못했다.

삶에서 목표가 분명하지 않으면 낭패를 당하고 만다. 자신이 어디로 가야 할지, 무엇을 해야 할지 명확하게 알 수도 없다. 뭔가 열심히 하고 있는 것 같지만 얻는 것은 없다. 소금쟁이처럼 물위에서 열심히 돌고 있지만 결국은 제자리를 맴돌 뿐이다. 제아무리 실력이 출중해도 목표가 없는 실력은 의미가 없다. 그 실력을 발휘할 대상이 없기 때문이다. 실력은 뚜렷한 목표를 만나야 성장하게 된다. 토끼는 달리기 실력이 뛰어났다. 하지만 처음 세웠던 목표를 상실했고, 그 결과는 돌이킬 수 없는 실패로 돌아왔다.

공작기계 초정밀 분야의 명장으로 등극한 김규환이 있다. 김규환은 목표를 향해 목숨을 걸고 노력한 것으로 유명하다. 김규환은 가난한 가정 형편으로 초등학교도 제대로 졸업하지 못했다. 설상가상으로 열다섯 살에는 소년 가장이 되었다. 변변한 기술도 없어 전전긍긍하고 있을 때 대우중공업 사환으로 들어가는 기회가 주어졌다. 사환은 정식직원이 아니라 허드렛일을 해야 했지만, 그는 새벽부터 일어나 마당을 쓸었다. 그런 열정적인 모습 때문에 얼마 지나지 않아 정식직원이 되었다.

오갈 곳 없는 자신을 직원으로 채용해 준 회사에 보답하기 위해 그는 목숨 걸고 일했다. 그는 '목숨 걸고 노력하면 안 되는 것이 없다'는 신념으로 공작기계 발명에 전념했다. 한번은 기계를 발명하는 데 얼마나 많은 실패를 해야 성공할지 스스로 실험을 해 보았다. 땅 속에 분유깡통을 묻어 두고 한 번 실패할 때마다 동전을 하나씩 집어넣었다. 분유깡통에 동전 떨어지는 소리는 끊임없이 들렸다. 그래도 그는 공작기계 발명에 대한 목표를 의심하지 않았다.

그런데 어느 날 동전을 넣으려고 하는데 동전이 들어가지 않는 것이었다. 어느새 분유깡통에 동전이 꽉 찬 것이다. 그래도 발명에 대한 열정은 식지 않았다. 그는 한번 마음먹은 목표에 대해서는 어떤 일이 있어도 해내야 한다는 의지가 대단했기 때문이다. 그렇게 목표에 대해 목숨 걸고 노력한 결과는 놀라웠다. 김규환은 훈장 2개, 대통령 표창 4번, 발명특허대상, 장영실상을 5번이나 받았다.

이루어야 할 목표가 뚜렷한 사람은 그 속에서 열정이 솟아오른다. 수많은 실패와 어려움을 극복할 수 있는 힘이 샘솟는다. 무엇보다 중요한 것은 다른 관심들 때문에 가장 중요한 목표를 소홀히 여겨서는 안 된다는 것이다. 거북이와 김규환처럼 목표를 잃지 않으면 괄목상대할 만한 실력을 소유하게 되고 반드시 원하는 결과를 얻게 된다.

파죽지세
破 竹 之 勢
깨뜨릴 **파**　대나무 **죽**　갈 **지**　기세 **세**

대나무를 쪼개는 기세라는 뜻으로,
맹렬한 기세로 일에 임할 때를 의미하는 말.

진나라 무제의 명령으로 두예장군은 오나라를 점령해 나갔다. 두예는 휘하 장수들과 오나라를 일격(一擊)에 공격할 마지막 작전회의를 열었다. 그때 한 장수가 이렇게 건의(建議)했다.

"지금 당장 오나라의 수도를 치기는 어렵습니다. 수도 건업은 중국에서 제일 덥고 습한 곳입니다. 이제 곧 잦은 비로 강은 범람할 것이고 언제 전염병이 발생할지 모릅니다. 그러니 일단 물러섰다가 겨울에 다시 공격하는 것이 어떻겠습니까?"

대부분의 장수가 고개를 끄덕이며 옳은 말이라고 했다. 그러나 두예는 단호한 목소리로 대답했다.

"그건 안 될 말이다. 지금 우리 군의 사기는 마치 대나무를 쪼개는 기세다. 대나무는 처음 두세 마디만 쪼개면 그 다음부터는 칼날을 대기만 해도 저절로 쪼개지는 법이다. 이런 절호의 기회를 버릴 수 없다. 또한 겨울이 오면 상황이 좋아진다고 어떻게 장담할 수 있겠는가? 겨울이 오면 군사들이 추위에 떨어야 하는데 그때도 불리하니 후퇴하자고 할 것인가?"

두예의 말을 듣고 나서 장수들이 모두 수긍했다. 결국 두예는 모든 군사를 이끌고 오나라 수도로 진격했다. 두예의 말대로 진나라 군대는 단숨에 오나라를 멸망시키고 천하를 통일했다.

"천재는 노력하는 사람을 따라갈 수 없고, 노력하는 사람은 즐기는 사람을 따라가지 못한다"는 말이 있다. 아무리 재능이 많고 똑똑해도 즐겁게 하는 사람을 당해 낼 수 없다. 자신이 하는 일을 좋아하면 끈기가 생기고 포기하지 않기 때문이다.

포기하지 않는 열정과 도전정신 하면 김병만이 떠오른다. 김병만은 달인으로 통하지만 그가 처음부터 달인이었던 것은 아니다. 김병만은 특별한 재능이 없어서 시험에 수도 없이 떨어졌다. 개그맨이 되고 싶어 서울예술대학에 응시했지만 6년을 떨어졌다. 개그맨 시험은 8번 낙방했다. 그래도 그는 포기하지 않았다. 자기 스스로 가진 것은 꿈밖에 없다고 말하며 개그맨이라는 꿈을 향해 한 발한 발 나아갔다.

설상가상 그는 무대공포증이 심했다. 관객들 앞에서 넉살 좋게 웃음을 터뜨려야 하는 개그맨이 무대공포증이 있다면 마음대로 웃길 수 없다. 하지만 꿈을 이루기 위한 목표 앞에 무대공포증은 걸림돌이 될 수 없었다. 그는 무대만 올라가면 긴장이 되는 것을 이겨내기 위해 대학로에서 4년간 연극을 하면서 그 공포증을 이겨냈다.

지금의 김병만을 있게 한 것은 개그콘서트의 달인 코너다. 달인 코너는 무려 4년간이나 지속됐다. 4년 동안 평범한 사람이 도저히 흉내 낼 수도 없는 수많은 기술을 달인처럼 해냈다. 그가 위험을 무릅쓰고 도전하는 모습을 보면 탄성이 절로 나올 정도였다. 상처와 부상이 없는 날이 없었지만 그는 도전하는 것 자체를 즐겼다. 좋아하고 즐기자 더 어려운 기술에 도전할 수 있었던 것이다. 꿈을 포기하지 않은 원동력을 김병만은 이렇게 말했다.

"남들이 좋은 거라고 권해 줘서 시작한 게 아니고 진짜 내가 좋아서 한 것이라 그래요. 무명시절 작은 무대에서나마 박수를 쳐 주시는 관객분들이 있어 계속 할 수 있었어요. 박수는 내게 힘을 주죠. 남들이 좋아하는 일 말고 내가 좋아하는 일을 찾는 것이 가장 중요한 것 같아요."

김병만은 자신이 좋아하는 일을 즐기면서 했다. 그 힘이 전 국민의 사랑을 독차지하는 달인으로 거듭나게 한 것이다.

　2002년 월드컵은 우리나라 축구 역사에 영원히 기억될 뜻 깊은 날이다. 역대 월드컵에서 단 1승도 기록하지 못했지만 4강까지 올랐기 때문이다. 한 번도 이기지 못했던 대표 팀이 어떻게 승승장구(乘勝長驅)하면서 4강까지 올라갈 수 있었을까? 선수들의 피나는 노력의 결실이 컸지만 사람들은 히딩크 감독의 영향이 컸다고 말한다.

　우리나라 대표 팀은 혹독하게 몰아치는 스파르타식 지도자에 길들여져 있었다. 그런데 새로 부임한 히딩크 감독은 달랐다. 축구를 즐기면서 하라고 주문한 것이다. 실수를 해도 혼내지 않았다. 그러다 보니 선수들은 서서히 즐기는 축구에 눈떴다. 한번 해보자는 투지도 함께 불타올랐다. 경기에 임할 때마다 질것 같지 않다는 생각이 들었다. 너도나도 자신감이 불타오르자 4강까지 파죽지

세(破竹之勢)로 거침없이 오를 수 있었다.

천재 바이올린 연주자 하면 사라 장(장영주)이 떠오른다. 그녀는 연주에 혼신의 힘을 쏟아붓는다. 그녀는 네 살에 이미 천재성을 인정받았고, 국제 대회에서 상을 받기 시작했다. 미국과 유럽을 오가며 세계적인 오케스트라와 협연을 하며 아름다운 음악을 연주했다. 그런데 천재성을 지닌 사라 장도 연습벌레로 알려져 있다. 자신의 천재성만 믿고 게으름을 피우지 않은 것이다. 그녀는 피나는 노력으로 세계적인 바이올린 연주자가 될 수 있었다. 그러면서 자신의 성공비결을 이렇게 말한다.

"하루를 연습하지 않으면 자기가 알고, 이틀을 연습하지 않으면 동료가 알고, 사흘을 연습하지 않으면 청중이 압니다."

성공한 사람들은 하나같이 다음과 같이 이야기한다. "일을 즐기면 돈은 저절로 따라온다." 돈을 벌려고 힘쓰는 것이 아니라 좋아하는 일을 즐겁게 했더니 돈은 자연스레 벌렸다는 것이다. 청소년 시기에 꿈을 품을 때 가장 중요한 것은 즐겁게 할 수 있는 일을 찾는 것이다. 안정적인 직업이나 명예와 존경을 받는 직업도 중요하다. 하지만 그 일이 즐겁지 않으면 행복할 수 없다. 반면에 즐겁게 일을 하면 잘하게 되고 전문성을 가질 수 있다.

《나의 문화유산 답사기》로 유명한 유홍준 교수가 있다. 그는 학창시절 법과대학이나 의과대학을 갈 정도의 실력이 있었다. 안정적이고 사회적으로 인정받는 학과로 진학할 수 있었다. 하지만 그는 자신이 공부하고 싶은 쪽을 선택했다. 한국의 미술 역사를 공부하고 싶었던 것이다. 그래서 미학과로 진로를 결정했다. 그의 이야기를 듣고 어머니는 2박 3일을 우셨다고 한다. 모두가 부러워하는 길을 마다했기 때문이다. 미학과로 진학한 후 그는 깊이 있는 공부를 했다. 자신이 좋아하고 즐기는 일에 전문성이 더해지니《나의 문화유산 답사기》같은 대작이 탄생한 것이다. 그는 지금도 대학 강의와 책 쓰기, 답사에 여념이 없다. 한꺼번에 많은 일을 해 나가는 것이 벅찰 것도 같지만 그의 삶은 열정으로 가득하다. 자신이 하는 일이 재미가 있기 때문이다. 이것이 자신이 좋아하고 즐기는 일이 갖는 힘이다.

공부할 때도 즐거움으로 하면 능률이 더 오른다.《하루라도 공부만 할 수 있다면》과《박철범의 하루공부법》의 저자 박철범. 그는 학창시절 공부를 즐겁고 재미있게 하기 위해 힘썼다. 그러기 위해 그는 공부보다 재미있는 일을 하지 않았다. 게임을 하고 싶어도 친구들과 놀고 싶어도 참았다. 공부하는 재미를 놓치고 싶지 않아서였다. 그는 공부에 재미를 더했더니 성적은 파죽지세로 올랐고, 6개월 만에 꼴찌에서 1등으로 올라설 수 있었다.

장래의 꿈도 마찬가지다. 자신이 가장 좋아하고 즐겁게 할 수 있는 일을 찾는 것이 먼저다. 즐거움에서 열정이 솟아나고 기쁨이 샘솟는다. 그때 파죽지세의 힘이 생기고 꿈을 이룰 수 있게 된다.

제3장

나를 이기는 힘이 성공의 나이테를 키운다

마부작침
磨 釜 作 針
갈 마　도끼 부　만들 작　바늘 침

도끼를 갈아 바늘을 만든다는 뜻으로,
아무리 어려운 일이라도
언젠가는 이룰 수 있다는 의미의 말.

당나라에 이백이라는 유명한 시인이 있었다. 이백은 워낙 학문이 뛰어나 열 살에 이미 '제자백가'를 읽을 정도였다. 부모님은 이백에게 더 깊은 학문을 시키려고 훌륭한 스승을 찾아 산으로 들여보냈다.

하지만 이백은 아무도 없는 산속에서 공부를 하다 보니 싫증이 났다. 그는 스승에게 말도 하지 않고 산을 내려갔다. 한참 내려가고 있는데 한 할머니가 계곡물이 흐르는 곳에서 바위에다 도끼를 갈고 있는 것이 보였다. 이백은 가만히 앉아 한참동안 할머니를 관찰했다. 할머니는 미동도 없이 오직 바위에 도끼만 갈 뿐이었다. 사정이 궁금한 이백이 슬그머니 할머니에게 다가가 물었다.

"할머니, 도끼는 뭐에 쓰시려고 가시는 거예요?"

도끼를 갈던 할머니는 고개도 돌리지 않고 대답했다.

"도끼를 갈아서 바늘을 만들려고 하는 거라네."

할머니 말에 이백은 깜짝 놀라 다시 물었다.

"그렇게 갈아서 언제 바늘을 만들 수 있겠습니까?"

"중도에 포기하지 않는다면 언젠가는 바늘을 만들 수가 있다네."

'중도에 포기하지 않는다면'이란 말이 이백의 마음을 움직였다. 공부가 힘들다고 포기하며 돌아가는 자신이 부끄러웠다. 이백은 할머니 말에 크게 깨닫고 다시 산으로 올라갔다. 공부가 힘들 때마다 할머니를 떠올리며 학문에 힘썼다. 이후 이백은 당나라 최고의 시인이 되었다. 마부작침(磨斧作針)은 아무리 어려운 일이라도 끈기를 가지고 계속 노력하면 마침내 이룰 수 있다는 뜻이다.

'끈기를 가지고 끝까지 하는 힘'은 꿈을 성취하는 데 없어서는 안 될 덕목이다. 작심삼일(作心三日)을 넘어 삶의 목표를 성취하기 위해서는 끝까지 해 보려는 마음이 필요하다. 설령 가능성이 없어 보일지라도 1퍼센트의 희망이라도 보이면 최선을 다해야 한다. 그 1퍼센트의 가능성에서 위대한 결과가 나온다.

그것을 보여 준 사람은 바로 한국프로야구 기록의 사나이 양준혁이다. 양준혁은 평범한 내야 땅볼을 쳐도 1루까지 전력 질주한다. 걸음걸이가 빠른 것도 아니다. 아웃될 것이 확실해도 전속력으로 달린다. 또한 머리에 쓴 헬멧의 무게라도 줄이겠다는 심산으로 헬멧을 벗어 던지고 뛴다. 이러한 자세로 인해 프로야구사에 남을 대기록이 수립되었다.

양준혁은 게임에 임하는 자세에 대해 이렇게 말했다.

"제 통산 타율이 3할 1푼 6리인데, 내야 안타가 159개입니다. 아웃될 것 같아도 1루까지 죽기 살기로 뛰는 거죠. 열심히 뛰면 상대 내야수도 다급해지기 때문에 에러가 나옵니다. 포수가 송구 실책을 하면서 결승타가 되기도 합니다. 그게 없었으면 저도 2할 9푼 타자에 불과했을 겁니다. 자세는 한 끗 차이지만 결과는 하늘과 땅 차이인 셈이죠. 단 1퍼센트의 가능성이라도 믿고 달려야 합니다."

1퍼센트의 가능성을 보고 전심전력을 다해 달린 결과는 실로 놀랍다. 양준혁은 최다 홈런(351개), 최다 안타(2,318개), 최다 타수(7,332타수) 기록을 보유하고 있다. 앞으로도 그 기록이 깨지기는 결코 쉽지 않을 것으로 보인다. 그가 이렇게 화려한 기록을 낼 수 있었던 이유는 끈질긴 노력과 훈련, 포기하지 않고 1루까지 끝까지 뛰어가는 자세 때문이다.

멕시코 중서부 시에라 협곡에는 '타라후마라'라는 부족이 살고 있다. 그곳은 그랜드 캐니언보다 높고 험준한 협곡으로 이루어져 있다. 한 발자국만 헛디뎌도 천 길 낭떠러지로 떨어지고 만다. 그런데 타라후마라 부족은 어디를 가든 달린다. 험준한 협곡에서 목숨을 담보로 달리는 것은 다 이유가 있다. 자신들의 생존이 달려 있기 때문이다.

그들은 어려운 환경에서 살다 보니 먹을거리를 쉽게 구하지 못한다. 더욱이 사냥하기도 쉽지 않다. 여차하면 사냥을 하기도 전에 자신들이 먼저 목숨을 잃을 수 있기 때문이다. 척박한 환경에서 그들이 살아남기 위해 선택한 방법이 바로 달리기였다. 그들이 그렇게 목숨을 걸고 달리는 이유는 사냥을 하기 위해서다. 한 번 사냥감을 정하면 그들은 결코 포기하는 법이 없이 사냥감이 지칠 때까지 쫓아다닌다. 눈앞에 다른 동물이 나타나도 처음 목표로 삼은 사냥감에만 집중하여 지칠 때까지 쫓아가 반드시 잡고야 만다. 끝까지 포기하지 않는 노력이 환경을 극복하는 힘으로 작용한 것이다.

미국 서부개척 시대의 일이다. 서

부에서 금광이 발견되어 너도나도 금을 캐려고 서부로 이동했다. 그때 한 사람이 자신의 전 재산을 팔아 광산 하나를 샀다. 그곳에서 대량으로 황금이 나왔다는 정보를 입수했기 때문이다.

그는 황금을 캐기 위해 쉬지 않고 수개월 동안 광산을 파 내려갔다. 오로지 땅만 팠지만 끝내 황금은 나오지 않았다. 그는 크게 낙심했고, 설상가상(雪上加霜)으로 가지고 갔던 돈도 다 떨어져 더 이상 버틸 수가 없었다. 하는 수 없이 그는 광산을 팔아야 했다.

광산의 새 주인은 황금이 있는지 샅샅이 살피기 시작했다. 그러다 이전 주인이 금을 캐다 만 곳을 발견했다. 그곳에는 녹슨 곡괭이와 랜턴이 그대로 남아 있었다. 새 주인은 그 자리에서 녹슨 곡괭이를 들고 땅을 파기 시작했다. 그런데 얼마 지나지 않아 누런 황금이 발견되었다. 그가 파 내려간 깊이는 고작 15센티미터였다.

황금을 파다 포기한 사람은 15센티미터만 더 팠으면 황금을 발견할 수 있었다. 그런데 단 15센티미터를 남겨두고 그만 포기하고 만 것이다.

자기계발 분야에서 강조하는 '시간전망(Time Perspective)'이라는 개념이 있다. 이것은 무언가를 성취하기 위해서는 멀리 내다보고 많은 시간과 노력을 투자해야 성공할 수 있다는 것이다. 연구결과에 따르면, 시간전망이 긴 사람일수록 원하는 바를 얻는 비율이 높다. 부자들이 꼽은 경제적 성공요인도 '시간전망'이라고 한다. 눈앞 현실에 초점을 맞추는 것이 아니라 미래의 꿈을 향해 인내하면서 시간을 투자하는 것이 성공비결이었다.

《나폴레온 힐 성공의 법칙》으로 유명한 세계 성공철학의 거장 나폴레온 힐이라는 사람이 있다. 그가 성공철학을 완성하기까지는 무려 20년이 넘는 시간이 소요됐다. 그는 세계적으로 성공한 사람 507명을 만났다. 16,000명에 달하는 개인을 면밀하게 분석하면서 성공철학을 체계화했다. 성공철학을 연구하는 동안 그는 다니던 직장도 그만두었다. 생계조차 걱정해야 하는 처지에 있었다.

하지만 그는 '절대 성공법칙'을 찾고야 말겠다는 신념으로 연구에 임했다. 매일 성공한 사람들을 만나며 성공요인을 분석했다. 그렇게 20여 년을 연구한 끝에 성공에 이르는 지름길로 안내하는 지침서가 만들어졌다. 그가 쓴《나폴레온 힐 성공의 법칙》은 전 세계적으로 5,000만 부가 팔려 나간 베스트셀러가 되었다. 그리고 성공철학의 진수로 손꼽히는 명작이 되었다.

마가렛 미첼은《바람과 함께 사라지다》를 집필하기 위해 자료 수집에만 20년을 소요했다. 에드워드 기번은《로마제국 흥망사》를 쓰는 데 20년이 걸렸다. 이처럼 꿈을 이루기 위해서는 시간과 노력을 투자해야 한다.

도끼도 갈면 바늘이 된다는 고사성어처럼 포기하지 않고 끝까지 도전한다면 반드시 원하는 결과를 얻게 된다는 마음을 품는 것이 중요하다. 포기하지 않겠다는 의지로부터 꿈의 싹은 돋아난다.

권토중래
捲 土 重 來
말권   흙토   거듭중   올래

흙먼지를 날리며 다시 온다는 뜻으로,
한 번 실패한 사람이 다시 힘을 키워
일어난다는 의미의 말.

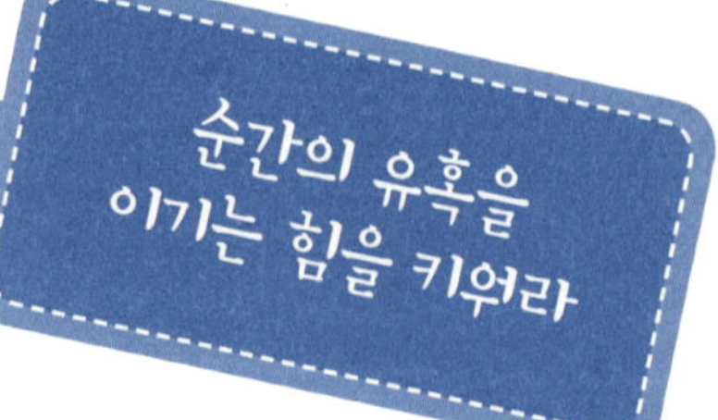

초(楚)나라의 항우는 한(漢)나라 한신에게 패했다. 그는 병사를 모두 잃고 도망가게 되었다. 28명밖에 남지 않은 군사로 버티던 항우는 어느덧 오강이라는 강가에 다다랐다.

그때 강에서 배를 대고 기다리던 항우의 부하가 다급하게 소리쳤다.

"장군, 어서 우리 땅 강동으로 돌아가시지요. 비록 강동이 작다고는 하나 땅이 천리로 뻗어 있고 백성도 수십만이 있으니, 그곳에 가서도 훗날을 도모할 수 있을 것입니다."

그 말을 들은 항우는 웃으면서 조용히 대답했다.

"내가 강동에서 젊은이 팔천여 명과 함께 강을 건너 서쪽으로 갔다. 그런데 지금은 몇 명이나 살아 있는지 아느냐. 내 이제 와서 무슨 낯으로 강동 사람들을 대하겠느냐. 내 양심이 부끄러워 다시 강동으로 돌아갈 수 없느니라."

그러고는 그 자리에서 자결했다.

그로부터 천여 년이 흐른 어느 날, 당(唐)나라 시인 두목은 오강을 유람했다. 그러면서 당시 항우가 오강을 건너 강동으로 가지 않은 것을 아쉬워하며 〈제오강정〉이라는 시를 지었다.

이기고 지는 것은 전쟁에서 기약할 수 없는 것

부끄러움을 안고 참을 줄 아는 것이 사나이로다

강동의 젊은이 중에 인재가 많으니

흙먼지를 일으키며 다시 왔다면 어찌 되었을까.

항우가 그 순간을 이겨냈으면 하는 바람으로 권토중래(捲土重來)라는 말을 넣어 시를 쓴 것이다.

꿈을 이루고 원하는 목표(目標)를 달성하려면 순간의 유혹을 이겨 내야 한다. 한순간의 유혹이나 충동을 견디지 못하면 목표를 이룰 수 없다. 대부분의 청소년이 저마다 꿈을 꾸고 목표를 세운다. 하지만 목표를 이루며 나아가는 사람은 드물다. 그 이유는 목표를 이룰 때까지 참고 기다리기보다 즐거운 일에 빠져 쾌락(快樂)을 즐기는 것이 쉽기 때문이다.

한순간의 유혹을 참고 견디는 것이 얼마나 중요한지는 스탠퍼드 대학의 실험을 통해 알 수 있다. 스탠퍼드대의 미셜 박사는 4세 아이들을 대상으로 실험을 진행했다. 아이들이 순간의 유혹을 얼마나 잘 견디는지를 알아보기 위한 것이었다.

아이들을 조그만 교실에 두고 마시멜로(사탕과자)를 하나씩 주었다. 그러면서 아이들에게 이렇게 말했다.

"얘들아, 15분만 참고 과자를 먹지 않으면 15분 후에 과자 하나씩을 더 줄게."

말을 마친 후 실험 팀은 아이들을 관찰했다. 어떤 아이는 실험 팀이 떠나자마자 과자를 먹어 버렸다. 몇몇 아이들은 과자를 맛있게 먹는 모습을 보고도 꾹 참았다. 그 아이들은 15분 후에 주어질 한 개의 과자를 생각하며 기다린 것이다.

이 실험을 마치고 10년 후에 다시 조사가 이어졌다. 당시 실험에 참가한 아이들이 어떻게 살고 있는지 그들을 추적해 본 것이다. 그런데 놀라운 결과가 나타났다. 15분 후에 주어질 과자를 생각하고 순간을 참았던 아이들은 인간관계가 좋았다. 스트레스에 대처하는 능력도 뛰어났다. 보다 흥미 있는 점은 학습 능력도 월등하게 좋았다는 사실이다. SAT(우리나라의 수능시험과 비슷함)에서 평균 125점이나 높게 나왔다. 이들은 어른이 되어서도 더 계획적이고 꿈을 이루기 위해 노력하며 사는 모습이 발견되었다.

꿈을 이루기 위해서는 중도에 포기하지 말아야 한다. 그러려면 순간의 충동을 억제하는 힘이 필요하다. 순간의 충동을 불러일으키는 것은 대부분 쾌락적인 요소가 강하다. 여기에서 이야기하는 쾌락은 TV, 게임, 스마트 폰, 게으름과 같이 즐거움을 유발시키는 것을 말한다. 정신과 의사인 M. 스캇 펙은《아직도 가야 할 길》에서 충동을 억제하고 즐거움을 유보하는 중요성을 이렇게 말한다.

"즐거움을 유보하는 것은 삶의 고통과 기쁨을 적절히 배열하는 과정이다. 곧 삶의 고통을 먼저 접하고 극복함으로써 나중에 기쁨이 배가되도록 하는 것이다. 이것이야말로 삶을 제대로 살아가는 유일한 방법이다. …… 세상에 공짜는 없는 법이어서 이렇게 놀다가 결국은 심리상담

가나 정신과 의사의 치료를 받게 된다."

꿈은 버튼만 누르면 저절로 이뤄지는 것이 아니다. 즐기고 싶은 것들을 마음대로 즐기며 살다 보면 꿈은 영원히 꿈으로 남게 될 뿐이다.

요즘은 다양한 오디션 프로그램들이 많이 생겨났다. 치열한 경쟁을 뚫고 1등을 하면 한순간에 스타가 된다. 그런데 청소년들은 스타가 되기까지의 과정은 쉽게 간과(看過)한다. 스타가 되기까지는 연습생시절을 적게는 1년, 많게는 수년을 거치게 된다. 피나는 훈련을 거듭한 후에야 비로소 스타가 될 수 있는 능력을 갖추게 되는 것이다.

치열한 훈련과정 없이 한순간에 스타가 된 사람은 오래가지 못한다. 운 좋게 떴다고 해도 그들은 얼마 지나지 않아 인기가 거품처럼 사그라지고 만다. 어느 순간 그들은 시청자의 기억 속에서 사라져 버린다. 자신의 실력을 지속적으로 유지할 힘이 없기 때문이다. 그러므로 노력하고 훈련하며 자신의 실력을 갈고닦아야 한다. 어떤 비바람에도 굳건히 버틸 수 있는 탄탄한 뿌리가 생기도록 힘써야 한다. 고된 훈련의 과정을 거쳐야 실력이 쌓이고 기본기가 생겨 스타가 된 뒤에도 롱런하게 되는 것이다.

아프리카의 원시 밀림에 병원 막사를 짓고 원주민을 치료했던 슈바이처 박사가 있다. 그는 혼자 힘으로 병원을 짓고 환자를 치료했다. 그곳은 병원을 짓는 재료와 도움이 턱없이 부족한 곳이었다.

열악한 조건 속에서 그는 거듭되는 실패(失敗)를 겪었다. 하지만 어려운 환경을 극복하고 수많은 사람을 치료해 주었다. 슈바이처는 어떤 환경을 극복하는 자세를 이렇게 말했다.

"올바른 것을 찾기 전에 한참을 기다려야 할지라도, 설사 몇 번의 시도를 해야 할지라도 용기만은 잃지 마라. 실망을 맞아들일 준비는 하되, 원하는 것을 포기하지는 마라."

미국의 강철왕 카네기는 "인생에서 성공하려면 인내할 줄 알아야 한다. 조급하면 눈이 흐려지고, 자꾸 분노하는 자는 일이 눈에 보이지 않는다. 하지만 차분하게 마음을 다스릴 줄 아는 자의 머릿속에는 지혜가 스며든다"고 말했다.

설령 실패했더라도 포기는 하지 말라. 권토중래의 힘으로 다시 일어서고 도전하면 된다. 오뚝이 정신을 품는 것이 무엇보다 중요하다. 그러면 언젠가는 원하는 목표를 성취할 수 있다.

대기만성
大 器 晩 成
클 대　　그릇 기　　늦을 만　　이룰 성

큰 그릇을 만드는 데 시간이 걸린다는 뜻으로,
큰 사람이 되기 위해서는 많은 노력과
시간이 필요하다는 의미의 말.

위나라에 최염이라는 장수가 있었다. 최염은 체격이 좋고 무술도 잘해 사람들의 존경을 한 몸에 받았다. 반면 사촌동생인 최림은 여러모로 부족한 점이 많았다. 그런 최림을 보고 아버지는 늘 최염과 비교하며 무시했다.

하지만 최염의 생각은 달랐다. 최염은 사촌동생 최림의 인물됨을 꿰뚫어 보았다. 지금은 보잘것없지만 훗날 큰일을 해낼 사람이라고 굳게 믿었다.

그러던 어느 날, 최염이 최림을 만나 이렇게 말했다.

“아우야, 지금은 사람들이 널 무시한다고 해서 마음 아파하지 마라. 큰 종이나 큰 솥은 쉽게 만들어지는 게 아니란 걸 잘 알고 있지?”

사촌 형님의 위로에 최림은 아무렇지도 않다는 듯이 대답했다.

“그럼요 형님. 제 걱정은 하지 마십시오.”

“너도 기죽지 말고 열심히 노력해 봐. 무릇 물건뿐만 아니라 큰 인물도 빛을 보기까지는 오랜 시간이 걸리는 법이야. 너는 그런 대기만성을 이룰 인물이다. 두고 봐라. 넌 나라에 크게 도움이 되는 큰 인물이 될 테니.”

사람들은 최염의 말을 믿지 않았지만 최림은 형님의 말을 마음에 새겼다. 그리고 자신이 해야 할 일을 묵묵히 해 나갔다.

세월이 흐른 후 최림은 높은 벼슬에 올랐다. 왕을 보좌하고 나라의 중요한 일을 처리하는 인물이 되어 명성을 떨쳤다.

처음에는 별 볼 일 없지만 나중에 나이가 들었을 때 성공한 사람을 일컬어 대기만성(大器晩成)형 인물이라고 부른다.

현재 자신의 모습이 보잘것없다고 너무 낙심하지 말라. 꿈을 이룰 만한 재능이나 조건을 갖추지 않았다고 실망할 필요도 없다. 청소년 시기는 씨앗과 같기 때문이다. 꿈의 씨앗을 마음에 품고 가꾸어 가는 시기다. 그래서 당장 탐스러운 열매는 없다. 단지 가능성만 있다. 그러니 어떤 경우라도 포기하려는 마음은 품지 말라.

공부를 잘하면 분명 가능성과 기회는 많다. 하지만 공부를 잘한다고 해서 모두 성공적인 인생을 사는 것은 아니다. 자신이 잘하고, 좋아하는 분야의 재능을 발견하고 나아가는 것이 사회에서는 오히려 더 능력을 발휘할 수 있다. 사회적으로 성공한 인물들이 모두 학교에서 우등생은 아니었다. 그들은 자신의 확고한 꿈을 바라보고 포기하지 않고 노력한 결과로 값진 열매를 거둔 사람들이다.

에디슨은 초등학교 시절 끝없는 질문을 던졌다. 1 더하기 1이 왜 2가 되는지를 질문하며 호기심을 주체하지 못했다. 그런 에디슨을 선생님은 고운 눈길로 바라보지 않았다. 오히려 그를 문제아로 낙인찍었다. "머리가 너무 나빠 더 이상 가르칠 필요가 없는 아이"라며 험한 말도 일삼았다. 그 말에 충격을 받은 에디슨은 열두 살의 나이에 학교를 그만두었다.

에디슨은 학교를 그만두고 문제아의 삶을 살지 않았다. 자신이 읽고 싶은 책을 읽으며 궁금한 것들은 직접 실험해 보았다. 위대한 발명왕의 길은 그렇게 시작되었다. 그렇다고 에디슨이 발명한 것들이 결코 단 몇 번의 실험으로 완성된 것은 아니다. 수없는 시행착오를 겪으며 탄생한 것이다.

그는 전구를 발명할 때도 수천 번의 실험을 하고 번번이 실패의 쓴맛을 봐야 했다. 그러나 에디슨은 그것을 실패로 여기지 않았다. 그는 이렇게 말했다.

"저는 한 번도 실험에서 실패한 적이 없습니다. 다만 새로운 실험 방법을 한 가지 더 깨달아 안 것뿐이지요."

에디슨은 실패에서 새로운 방법을 터득했다. 실패를 해야 새로운 방법이 생기고 길이 보인다. 청소년 시기의 시행착오(試行錯誤)도 마찬가지다. 실패해 보고 좌절도 맛봐야 그 안에서 새로운 길을 찾을 수 있다. 가만히 앉아 고민하고 낙심만 해서는 전진할 수 없다. 실패를 통해 경험을 쌓고, 이러한 경험은 지혜를 낳아 같은 실수를 반복하지 않도록 한다. 그래서 끝없이 도전하고 노력해야 하는 것이다.

미국 사람들이 가장 존경하는 인물 중에 링컨이 있다. 링컨은 노예해방이라는 위대한 업적을 이루었다. 수백 년이 흘렀지만 링컨의 정신은 미국인에게 지금도 큰 영향을 미치고 있다. 하지만 링컨도 늘 실패를 거듭하던 사람에 불과했다.

링컨을 연구하는 사람들에 의하면, 그는 공식적인 실패만 27번을 했

다. 각종 시험과 선거에서 번번이 낙방했다. 그러나 그는 결코 멈추지 않았다. 주의원 당선에 실패하면 연방의원에 도전하고, 연방의원 당선에 실패하면 상원의원에 출마했다. 상원의원 당선에 실패한 후 그는 부통령에 출마했다. 부통령 당선에 실패하자 대통령에 출마했다. 그리고 마침내 미국의 16대 대통령이 되었다.

링컨은 실패에 대해 이렇게 말했다.

"중요한 것은 당신이 실패하느냐의 여부가 아니라 당신이 그 실패에 머무르느냐 아니냐다. 성공과 실패는 우리가 인생에서 얼마나 높이 올라갔느냐가 아니라 우리가 넘어졌을 때 몇 번이나 다시 벌떡 일어섰느냐에 의해 판가름 난다. 이때 성공하는 능력이 다시 일어서는 능력이다."

세계 최고의 부자 중 한 사람이었던 철강왕 카네기의 일화다. 카네기는 젊은 시절 돈을 벌려고 세일즈맨으로 일했다. 이집 저집을 돌아다니며 물건을 팔았다. 하지만 자신의 생각만큼 물건이 팔리지 않았다. 생활고를 겪으며 힘든 시절을 보내야 했다.

어느 날, 카네기는 한 노인의 집을 방문하게 되었다. 카네기는 그 집을 들어서자마자 자신의 눈을 의심할 만큼 멋진 그림을 보게 된다. 그 그림은 쓸쓸한 해변에 커다란 나룻배 한 척과 낡은 노 하나가 아무렇게나 놓여 있는 것이 전부였다. 그의 눈을 사로잡은 것은 그림 밑에 적힌 글귀였다. 카네기는 그 글귀 때문에 넋을 잃었다.

'반드시 밀물은 오리라. 그날 나는 바다로 나아가리라!'

집으로 돌아온 카네기는 낮에 본 글귀 때문에 도저히 잠을 이룰 수가 없었다. 그리고 마음을 다잡았다. 자신의 삶이 지금은 썰물처럼 황량하지만 반드시 밀물이 들어와 성공할 수 있을 것이라고 생각했다. 그 글귀는 카네기가 어려운 시련을 극복하는 데 원동력이 되었다.

가슴속에 품은 꿈의 씨앗을 의심하지 말라. 반드시 싹이 나고 꽃이 피고 열매가 맺힌다는 믿음을 품어야 한다. 그리고 그 씨앗이 잘 자랄 수 있도록 거름을 주고 가꾸면 된다. 작은 겨자씨 같은 씨앗일지라도 언젠가는 풍성한 열매를 맺는 거목으로 성장할 수 있다. 큰 인물이 되기 위해서는 시간과 노력이 필요하다. 기적은 천천히 이루어진다. 그때까지 참고 기다리면 된다.

와신상담
臥 薪 嘗 膽
누울 **와**　땔나무 **신**　맛볼 **상**　쓸개 **담**

땔나무에서 잠을 자고 쓸개를 핥는다는
뜻으로, 실패한 일을 다시 이루고자
굳은 결심을 하고 어려움을 참고
견디는 것을 이르는 말.

오(吳)나라 왕 합려는 월(越)나라 구천과 싸우다 부상을 당하고 목숨을 잃게 되었다. 죽음을 앞둔 합려는 아들 부차에게 유언을 남겼다. 반드시 월나라를 쳐부수고 자신의 원수를 갚으라는 것이었다.

부차는 왕위에 오른 뒤 불편한 땔나무 위에서 잠을 자며 아버지 원수를 잊지 않았다. 그리고 신하들에게 자기 방에 들어올 때마다 이렇게 소리치게 했다.

"부차야, 월나라 왕 구천이 네 아버지를 죽였다는 것을 잊지 말아라!"

그러면서 군사를 훈련시키며 복수할 날을 기다렸다.

그 소문을 들은 월나라 구천은 선수를 쳐 오나라를 공격해 왔다. 하지만 복수심에 불타는 오나라 군사를 이기지 못하고 패하고 말았다. 궁지에 몰린 구천은 오나라 재상 백비에게 뇌물을 주고 거짓으로 항복했다.

이때 거짓으로 항복한 것을 눈치챈 오자서가 부차에게 후환(後患)이 남지 않도록 구천을 죽여야 한다고 말했다. 그러나 부차는 백비의 말만 듣고 구천을 살려 주었다. 그리고 귀국까지 허락했다.

간신히 목숨을 구한 구천은 농사꾼 행세를 하며 숨어 지냈다. 그리고 잠자리 옆에 항상 쓸개를 매달아 놓고 앉거나 누울 때마다 쓸개를 핥아 쓴맛을 되씹으며 복수할 날을 기다렸다.

그로부터 20년 후, 오나라 부차가 중원을 차지하기 위해 북벌에만 신경을 쏟는 사이 구천은 군사를 이끌고 오나라를 공격해 부차에게 항복을 받아냈다.

성공적인 인생을 살기 위해서는 여러 가지 요소가 필요하다. 꿈, 실력, 노력, 열정, 끈기 등 어느 것 하나 소홀히 할 수 없다. 하지만 그중에서도 공부와 꿈을 이루어 가는 데 중요한 요소는 자신과의 싸움에서 이기는 것이다. 자신과의 끊임없는 싸움에서 이겨야 마음에 힘이 솟는다. 그 힘이 있어야 어려움도 견뎌 내고 몰입할 수 있다.

마음의 힘은 환경에 상관없이 '할 수 있다!'고 생각하는 것을 말한다. 자신에 대한 믿음으로 스스로를 존중하고 인정하는 것이다. 스스로 할 수 있다고 믿어야 환경을 극복해 나갈 수 있다. 제아무리 좋은 조건이 조성되어도 스스로 포기하고 도전하지 않으면 얻을 수 있는 결과는 아무것도 없다.

토스트 하나만으로 일 년에 1억 매출을 올리고 300개의 체인점을 거느린 사람이 있다. 바로 석봉토스트 대표 김석봉이다. 지금은 건실한 CEO이지만 그는 가난한 농사꾼 집안에서 태어났다. 그는 너무 가난해서 초등학교밖에 나오지 못했고, 산전수전(山戰水戰) 다 겪으며 젊은 시절을 보냈다. 결혼도 하고 아이 셋을 낳았지만 삶은 변하지 않았고 무책임한 가장에 불과했다. 자신의 삶을 되돌아보니 '매일 늦잠 자고, 책은 안 읽고, 메모도 않고 약속도 어기기 일쑤'였다.

그는 부끄러운 지난날을 반성하며 새롭게 마음을 다잡고 노점상에 뛰어들었다. 처음에는 창피하고 자존심이 상했다. 사람들의 시선이 부끄러워 모자를 푹 눌러쓰고 허름한 작업복을 입고 일했다. 당연히 장사는 잘될 리 없었다. 겨우 마음을 고쳐먹었는데 되는 일이 없었다.

다시 모든 것을 점검하면서 마음가짐이 문제라는 사실을 발견했다. 스스로 토스트 굽는 일을 창피하게 여기니 손님들도 싫어했던 것이다. '어떻게 하면 손님의 기분을 좋게 할 수 있을까'를 생각했다. 그때부터 세 가지 일을 상상하며 아침마다 거울을 보고 외쳤다.

"일을 할 수 있으니 나는 기쁘다!" "누구보다 열심히 살아가는 나는 예쁘다!" "매일 쉴 새 없이 일하니 나는 바쁘다!"

그는 호텔주방장 같은 깨끗한 옷으로 갈아입고 위생모도 쓰고 미소 띤 얼굴로 큰 소리로 손님들에게 인사했다. 그 이후로 토스트가게에는 손님이 늘기 시작했다. 외국관광객들이 찾는 명소가 되었고, 전국에서 체인점 문의가 빗발쳤다.

그는 인생 기적을 이루기까지 스스로 세 가지 철칙을 지켜 왔다.

첫째, 자신과 싸워 이겨라.

둘째, 나와 타인을 감동시켜라.

셋째, 꿈과 비전을 세워라.

김석봉 대표를 보면 환경과 조건보다 중요한 것이 마음가짐이라는 사실을 알 수 있다. 마음가짐을 바꾸

면 환경은 얼마든지 극복할 수 있다.

2012년 노벨생리의학상을 수상한 케임브리지 대학교 존 거든 교수가 있다. 노벨상을 탄 석학이지만 와튼 스쿨에 다니던 16세 시절, 그의 생물 성적은 전체 260명 중에서 260등이었다. 평소 과학자를 꿈꾸던 학생의 성적으로서는 매우 형편없는 것이었다. 그의 성적을 보고 선생님은 다음과 같은 코멘트를 달아 주었다.

'과학자를 꿈꾸지만 지금의 성적으로는 어림도 없다.'

존 거든은 선생님의 코멘트에도 자신의 꿈을 의심하지 않았다. 반드시 자신의 꿈을 이룰 수 있다고 확신했다. 그가 과거를 회상하며 남긴 말을 보면 알 수 있다.

"과학자를 꿈꾸던 나는 매우 실망했으나 그의 말을 믿지는 않았다. '포기하지 않으면 반드시 꿈을 이룰 수 있다'는 어머니의 간단한 가르침이 진짜라고 확신했기 때문이다."

청소년 시기는 주변에서 하는 말에 쉽게 흔들릴 수 있다. 그러나 절대 흔들리지 말아야 할 것은 자기 내면에 자리 잡은 꿈이다. 확고한 꿈을 바라보고, 하면 된다는 마음으로 나아가면 원하는 삶의 목표를 이루게 된다.

제2차 세계대전 때는 많은 사람이 죽거나 다쳤다. 특히 유대인들은 독일 나치에 의해 600만 명이나 죽임을 당했다. 끔찍한 수용소에 갇혀 매일 힘든 일만 하다 무참히 죽어 갔다.

하지만 죽음의 아우슈비츠 수용소에서 극적으로 살아남은 사람이 있다. 이 사람은 언제 죽을지 모르는 공포와 두려움 속에서도 희망을 품고 살았다. 그의 희망은 아무 죄도 없는 유대인을 참혹하게 죽인 독일인의 죄를 세계에 알리겠다는 것이었다. 또한 대학교에서 학생들을 가르치는 교수가 되는 것이 꿈이었다.

마음을 새롭게 하자 활기가 넘쳤다. 모두 죽음의 공포에 떨며 지냈지만 그의 얼굴에는 희망이 보였다. 생동감을 얻기 위해 깨진 유리 조각을 주워 면도까지 했다. 무딘 유리 조각으로 면도를 하다 보니 살갗이 찢어지는 고통을 겪어야 했다. 그래도 매일 면도를 하며 삶의 의지를 불태웠다.

그는 늘 "삶의 의지를 포기하면 그 사람은 이미 죽은 것이나 다름없다"라는 말을 되새겼다. 마음속에 살고자 하는 의지가 있다면 반드시 살아남을 수 있다고 생각한 것이다. 결연한 의지와 생기 넘치는 얼굴 때문에 독일 병사들도 그를 죽음의 길로 끌고 가지 않았다. 하루에도 수많은 사람이 죽어나가는 곳에서 그는 결국 살아남았다.

그리고 그의 꿈대로 고통 받는 사람들을 치료할 수 있는 '로고테라피'라는 심리치료를 만들어 냈다. 또한 대학교수의 꿈도 이루었다. 그 사람은 바로 《죽음의 수용소》라는 책을 쓴 '빅터 프랭클'이다.

빅터 프랭클은 죽음이 도사리는 곳에서 미래의 희망을 바라보았다. 어렵고 힘든 현실보다 먼 미래를 보고 힘을 냈다. 그는 결국 살아남았고 원하는 꿈도 이루었다.

"호랑이 굴에 잡혀가도 정신만 차리면 산다"는 속담이 있다. 어떤 어려운 상황에서도 반드시 살아날 희망은 있다. 눈앞에 어렵고 힘든 상황에 집중하지 말고 미래의 꿈을 바라보며 할 수 있다는 마음을 가져야 한다. 자기 스스로를 믿는 믿음이 포기하려는 마음을 이길 수 있다. 자신과의 싸움에서 이기는 사람이 현재와 미래를 바꾼다. 어떤 일이 있어도 스스로 포기하지 말라. 와신상담(臥薪嘗膽)하는 마음으로 살아갈 때 꿈이 현실이 되는 기적을 맛볼 수 있다.

계명구도

鷄 鳴 狗 盜

닭 계　울 명　개 구　훔칠 도

닭의 울음소리를 잘 내는 사람과 개의
흉내를 잘 내는 좀도둑이라는 뜻으로,
천한 재주를 가진 사람도 때로는
요긴하게 쓸모가 있음을 이르는 말.

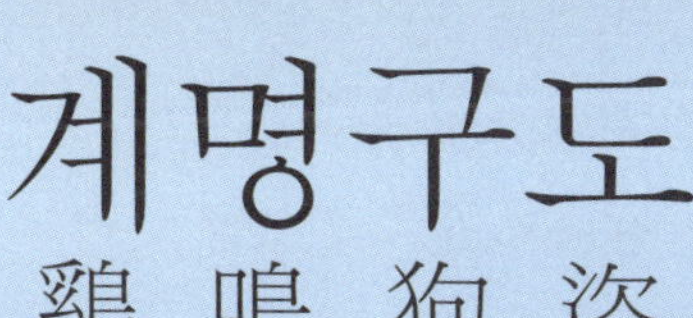

제나라에 맹상군이라는 재상(宰相)이 있
었다. 그는 출신과 신분에 관계없이 모든 사람을 받아들이고 식사
와 잠자리를 제공했다. 심지어 개 도둑과 닭 울음소리를 잘 내는
하찮은 사람도 식객(食客)으로 삼았다. 어떤 식객은 하찮은 사람까
지 받아들인다고 불평했지만 맹상군은 상관하지 않았다.

맹상군이 어질다는 소문을 이웃 진나라 소왕이 듣고 그를 초청
했다. 맹상군은 소왕을 위해 호백구의 선물을 주었다. '호백구'는
여우의 겨드랑이 털로 만든 귀한 가죽옷이었다.

맹상군을 본 소왕은 흡족한 마음에 즉시 그를 진나라의 정승으로 삼으려 했다. 그러자 한 신하가 반대하고 나섰다.

"맹상군이 어질다고는 하나 제나라의 왕족입니다. 그가 정승이 되면 제나라를 위해 일할 것이 분명합니다."

소왕은 신하 말을 듣고 오히려 맹상군을 감옥에 가두고 말았다. 어이없게 감옥에 갇힌 맹상군은 소왕의 애첩에게 뇌물을 주며 구해 달라고 청했다. 그러자 애첩은 소왕에게 선물로 준 호백구를 요구했다. 그때 한 식객이 나서며 말했다.

"저는 개 도둑질을 한 적이 있는 사람입니다. 그 경험으로 호백구를 가져오겠습니다."

그날 밤, 그는 몰래 궁궐에 들어가 호백구를 훔쳐와 애첩에게 바쳤다. 애첩은 약속대로 소왕을 달래 맹상군을 풀어 주도록 했다.

간신히 풀려난 맹상군은 새벽녘에 진나라 국경에 도착했다. 그러나 진나라 관문은 굳게 닫혀 있었다. 새벽닭이 울어야 문을 열었기 때문이다. 맹상군을 풀어 준 소왕도 갑자기 마음을 바꾸어 맹상군을 다시 잡아들이라는 명령을 내렸다. 군사들은 맹상군을 바짝 뒤쫓고 있었다. 한시가 급할 때 한 식객이 나서며 말했다.

"저는 닭 울음소리를 잘 냅니다. 제가 문을 열도록 해 보겠습니다."

그가 닭 울음소리를 내자 문지기는 새벽이 온 줄 알고 문을 열었고, 맹상군은 목숨을 건질 수 있었다.

두 사람은 배움이 짧아 모두에게 무시당했지만 맹상군의 목숨을 구했다. 그래서 이때부터 계명구도(鷄鳴狗盜)라는 말이 전해졌고 '비록 하찮은 재주라도 쓸 곳이 있다'는 뜻으로 사용되었다.

가슴 뛰고 좋아하고 잘하는 것만이 꿈으로 연결되는 것은 아니다. 때로는 자신의 부족한 부분이나 아픔, 사회적인 불만이 꿈이 될 수도 있다. 그렇게 되기 위해서는 어떤 일이 있더라도 좌절하고 포기하면 안 된다. 계명구도의 정신으로 자신의 모든 것을 꿈으로 연결시켜야 한다. 그렇게 생긴 꿈이 진짜 꿈이며 다이너마이트 같은 힘을 지닌다.

아픔을 겪어 본 사람은 그 아픔의 깊이를 안다. 그래서 더 절실하고 간절하다. 아픔을 겪는 사람을 마음으로 이해할 수 있으므로 더 잘 도울 수 있다.

세계 3대 성악가로 불린 호세 카레라스라는 사람이 있다. 그는 세계적인 테너로 명성을 떨쳤다. 그가 노래를 부르면 모든 사람이 흠뻑 빠져들 만큼 매력적인 목소리를 지녔다. 그런데 그가 갑자기 백혈병에 걸리고 말았다. 그 때문에 머리카락이 빠지고, 손톱과 발톱이 떨어져 나가는 고통을 겪었다. 세상에서 가장 큰 고통을 느낀다는 골수 이식의 아픔도 수없이 겪었다. 하지만 그는 병마와 싸워 끝내 백혈병을 극복했다.

백혈병을 앓기 전까지 호세 카레라스는 노래 잘하는 테너에 불과했다. 그러나 백혈병을 앓은 후에는 전혀 다른 인생을 살게 된

다. 그는 자신의 전 재산을 바르셀로나에 '호세 카레라스 백혈병 재단'을 세우는 데 쏟아부었다. 그리고 백혈병 환자를 돕는 사람으로 거듭났다. 공연으로 얻어진 수익은 모두 재단으로 보내졌다. 그는 자신에게 닥친 아픔은 오히려 축복이었다며 이렇게 말한다.

"때로는 질병도 은혜가 될 때가 있다. 나는 백혈병과의 싸움을 통해서 나보다 남을 아는 사람이 되었다. 이제 나는 단순히 노래만 부르는 것이 아니라, 절망에 빠진 사람에게 소망을 주는 인생을 살기를 원한다."

꿈 전도사로 새롭게 태어난 김수영. 그녀는 초등학교 때 왕따를 당하고 중학교 때는 비행 청소년으로 문제가 많은 여학생이었다. 가정형편도 좋지 않았다. 하지만 자신의 꿈을 마음에 새기며 공부에 매진했다. 그 결과 실업계고등학생으로는 처음으로 '골든벨'에서 우승을 차지했다. 그 후 연세대를 졸업하고 세계 최고의 투자은행 골드만삭스에 입사했다. 기쁨도 잠시 그녀의 몸에서 암세포가 발견되고 말았다.

암세포가 발견되자 자연스럽게 삶을 되돌아보았다. 이대로 죽음을 맞이할 수 없다는 생각에 죽기 전에 꼭 이루고 싶은 꿈 73가지를 적었다. 적어 놓은 꿈을 이루기 위해 하나씩 도전을 시작했다. 미지의 세계를 탐험하고, 자신이 만나고 싶은 사람을 만나고, 꼭 하고 싶은 일들을 해 나갔다. 그런 과정에서 삶의 활기가 생겨났다. 자연스럽게 초기 단계였던 암도 이겨냈다. 삶의 활기가 넘치니 더 많은 꿈의 목록을 적고 또 다른 도전으로 이어졌다. 그런 과정을 담은 글이 《멈추지 마, 다시 꿈부터 써봐》다. 이 책을 출간한 이후 그녀의 삶은 완전히 바뀌었다. 각종 강연과 방송에 출연하고 청소년과 청년들의 꿈의 멘토가 되었다. 한순간의 아픔이 새로운 인생으로 전환되는 계기가 된 것이다.

마이크임팩트의 CEO 한동헌은 남들과 다른 점으로 승부를 걸어 승승장구하고 있다. 그는 스물여덟에 한창 잘나가던 고액 연봉의 컨설턴트 직을 그만두고 회사를 세웠다.

한동헌 대표가 잘나가는 직장을 그만두고 새로운 일을 시작하게 된 것은 자신만의 일, 즉 남들과 다른 점에 승부를 걸었기 때문이다. 그는 남들과 다른 점을 이렇게 말했다.

"제가 남들이 하지 않는 것을 하는 청개구리 기질이 강하거든요.

아무리 무모해 보이고 주위에서 말려도 이상하게 사람들이 안 했던 새로운 걸 해 보고 싶었어요."

한동헌 대표는 남들이 하지 않는 일에 도전하는 특성을 활용했다. 그렇게 해서 찾은 것이 황금알을 낳는 강연시장이었다. 요즘은 각 채널에서 강연프로그램을 진행하고 있다. 기업과 학교에서도 강연은 빠지지 않는다. 그만큼 강연시장의 규모가 커진 것이다. 한동헌이 기획한 강연에는 이미 20만 명 이상이 참여했다. 그의 청개구리 기질이 사람들에게 다양한 지식과 감동을 전하는 메신저가 되도록 이끈 것이다.

아무리 작은 재능이라도 꿈이 될 수 있다. 때로 자신이 남들과 다르고, 부족해 보이더라도 좌절하거나 포기하지 말라. 어쩌면 그것은 가면을 쓴 꿈일지도 모른다. 어떤 환경과 처지에 있더라도 꿈으로 연결시키도록 힘쓴다면 반드시 쓰일 때가 있다. 계명구도의 정신은 이 땅에 청소년들이 반드시 기억해야 할 꿈의 요소임에 틀림없다.

제4장

생각을 바꾸면 인생도 바뀐다

중국 기나라에 항상 쓸데없는 걱정을 하며 사는 사람이 있었다. 그는 하늘이 무너져 내리면 어디에 숨어야 할지, 땅이 꺼져 자신이 죽으면 어쩌나 하는 염려를 늘 하며 살았다. 하지만 다행히도 그 사람 곁에는 지혜롭고 현명한 친구가 있어 이렇게 말했다.

"이보게, 하늘은 기가 쌓인 것이라네, 우리가 몸을 움직이고 숨을 쉬는 것과 같은데 어찌 하늘이 무너지겠는가?"

그러자 걱정 많은 사람이 이렇게 물었다.

"자네 말대로 하늘이 기가 쌓인 것이라면 해, 달, 별들은 어째서 떨어지지 않는가?"

현명한 친구는 친절하게 다시 이야기를 이어갔다.

"해와 달, 별들도 역시 기가 쌓인 곳에 있다네. 그러니 설령 떨어진다고 해도 다칠 일은 없으니 걱정 말게나."

걱정 많은 친구는 하늘이 문제없다고 생각하고 다른 질문을 던졌다.

"그러면 땅은 어떻게 되는가?"

"땅은 흙이 쌓인 곳이네. 사방에 가득 차 있기 때문에 흙이 없는 곳이 없다네. 그러니 왜 무너지겠는가? 그런 쓸데없는 걱정은 하지 말게나."

이 말을 들은 걱정 많은 사람은 그제야 크게 기뻐하며 마음을 놓았다.

수학에 공식이 있듯이 꿈에도 성공 공식이 있다. 다섯 단계로 이루어진 성공 공식은 다음과 같다.

첫째, 생각을 조심하라. 그것은 곧 너의 말이 된다.

둘째, 말을 조심하라. 그것은 곧 너의 행동이 된다.

셋째, 행동을 조심하라. 그것은 곧 너의 습관이 된다.

넷째, 습관을 조심하라. 그것은 곧 너의 인격이 된다.

다섯째, 인격을 조심하라. 그것은 곧 너의 운명이 된다.

한 사람의 운명을 결정짓는 열쇠는 생각에서 시작되는 것이다.

생각에서 모든 것이 시작된다. 내가 지금 품고 있는 생각이 무엇이냐에 따라 미래가 결정된다.

"생각대로 살지 않으면 사는 대로 생각하게 된다"는 말이 있다. 그만큼 생각이 중요하다는 이야기다. 먼저 생각이 올바로 세워져야 그에 따른 행동이 뒤따른다. 그런데 이것이 말처럼 쉬운 것이 아니다. 오죽했으면 세계적인 대문호인 괴테도 이런 말을 했을까.

"생각하는 것은 쉬운 일이다. 행동하는 것은 어려운 일이다. 생각한 대로 행동하는 것은 더욱 어려운 일이다."

생각하는 대로 행동하면 꿈을 이루기는 결코 어렵지 않다. 생각대로 행동해서 꿈을 이루려면 먼저 좋은 쪽으로 생각하고 말을 해야 한다. 우리의 미래는 지금 생각하고 말하는 대로 변화되기 때문이다. 우리의 생각은 마치 자석과 같다. 자석처럼 생각하는 방향대로 서서히 끌려가게 돼 있다. 좋은 생각을 하면 좋은 쪽으로 나쁜 생각을 하면 나쁜 쪽으로 변하게 된다.

베트남 전쟁에 참전했던 '조지 홀' 대위는 전장에서 포로로 잡히고 말았다. 그는 6년 3개월 동안 감옥에서 혹독한 고문을 당했다. 지옥이 따로 없을 정도였다. 심하게 고문을 당해서 청각을 잃었고 머리카락은 하나도 남지 않았다. 함께 포로로 잡힌 군인들은 모진 고문으로 하나둘 목숨을 잃었다.

하지만 그는 꿋꿋하게 살아남았다. 그가 생명을 건질 수 있었던 것은 자신이 좋아하는 골프를 매일 머릿속으로 그렸기 때문이다. 그는 좋아하는 골프를 상상 속에 펼치며 희망을 얻었다. 기쁨이 솟아나 고문을 이기는 힘이 생겨난 것이다.

그는 하루도 빠짐없이 상상 속에서 고향 골프장을 그리며 경기를 했다. 잔디의 길이, 바람의 세기, 골프장의 경사, 돌 하나까지 세심하게 머릿속으로 그렸다. 어떤 때는 바닥에 엎드려 골프장의 경사면을 체크하기도 했다. 감시병들은 그의 행동을 보고 비웃고 조롱했다. 그래도 그는 쉬지 않고 생각으로 골프를 했다.

전쟁이 끝날 즈음 그는 풀려나 고향으로 돌아왔다. 고향에 돌아오자 한 달 뒤에 그곳에서 골프대회가 열렸다. 조지 홀도 참가했다. 사람들은 이제 갓 감옥에서 풀려난 사람이 어떻게 골프를 칠 수 있겠냐며 참가를 반대했다. 그런데 강력한 우승 후보를 제치고

조지 홀이 우승을 차지했다. 그가 우승을 거머쥘 수 있었던 것은
6년 동안 생각으로 4,000여 회의 골프를 친 덕분이었다.

어떤 두 사람이 아프리카에 신발을 팔기 위해 조사를 나갔다. 잔
뜩 기대하는 마음으로 아프리카에 도착했는데 두 사람은 눈을 의
심했다. 아프리카 사람들 모두가 신발을 신지 않은 채 맨발로 다녔
기 때문이다. 그 모습을 보고 두 사람은 각각 보고서를 작성했다.
한 사람은 이렇게 썼다.

"신발 수출은 불가능! 신발을 한 사람도 신고 있지 않으므로."

다른 사람은 조금 다르게 썼다.

"신발 수출 가능성 100퍼센트! 신발을 한 사람도 신고 있지 않
으므로."

똑같은 상황을 보았지만 좋은 쪽으로 생각한 사람은 모든 것이
가능성으로 보였다. 아프리카 사람들에게 신발을 팔 생각을 하니
설레기까지 했다. 그러나 좋지 않은 모습을 주목한 사람에게는 아
프리카 사람에게 신발을 팔 가능성이 전혀 없어 보였다. 신발을 신
고 있지 않으므로 전혀 수출을 할 수 없다고 생각했기 때문이다.
이 두 사람의 미래가 어떻게 되었을지 상상이 간다.

뇌는 생각하는 힘만으로도 엄청난 결과를 얻을 수 있다. 뇌가 진
짜와 가짜를 구별하지 못하기 때문이다. 레몬을 생각하면 입안에
침이 고이듯이 뇌는 자신이 생각하는 대로 반응한다. 병에 걸린 사
람에게 아무 효과도 없는 약을 특효약이라고 말하고 먹이면 병도

낫는다. 뇌가 그 약을 먹으면 병이 낫는다는 신호를 몸에 보내게 되고, 몸은 뇌가 생각하는 대로 반응하기 때문이다.

"사람은 자신의 관점과 일치하지 않는 행동을 할 수 없다. 자신을 부정적으로 보는 사람은 긍정적인 일을 절대 하지 못한다." 이것은 동기부여 강연가인 지그 지글러가 한 말이다. 이 말은 모든 것을 부정적으로 보고 생각하는 사람은 절대로 긍정적인 일을 하지 못한다는 의미다.

그러므로 항상 긍정적인 생각을 해야 한다. 어떤 상황에 처해 있는지는 중요하지 않다. 다만 그것을 바라보는 자신의 생각이 중요하다. 그 생각대로 말하고 행동하기 때문이다.

항상 '나는 할 수 있어. 나는 잘될 거야'라는 생각을 해야 한다. 뇌가 착각을 불러일으킬 정도로 늘 긍정적인 생각을 하면 우리의 삶도 그렇게 된다. 일어나지도 않은 일에 쓸데없는 상상을 하지 말고 반드시 긍정적인 생각을 하면 우리의 삶도 생각하는 대로 변화될 것이다.

결초보은
結草報恩
맺을 **결**　　풀 **초**　　갚을 **보**　　은혜 **은**

풀을 엮어 은혜를 갚는다는 뜻으로,
은혜가 사무쳐 죽어서도 잊지 않고
그 은혜를 갚는다는 의미의 말.

진나라에 위무자라는 노인에게는 본처와 첩이 있었다. 위무자가 나이가 들어 몸이 허약해지자 아들 위과를 불러 이렇게 말했다.

"내가 죽거든 첩을 다른 사람과 결혼시켜 보내도록 하여라."

위과는 아버지께 꼭 그렇게 하겠다고 약속했다.

그 후 위무자의 병은 더욱 깊어져 죽을 지경에 이르렀다. 그러자 위무자는 또 위과를 불러들여 이렇게 말했다.

"내가 죽거든 첩을 내 무덤에 함께 묻어다오."

위무자는 두 가지 유언을 남기고 세상을 떠났다.

위과는 두 유언 중 어떤 유언을 따를지 고민이 되었다. 곰곰이 생각한 위과는 아버지의 병세가 약했을 때 했던 말이 진심이라고 생각하고 첩을 다른 곳으로 결혼시켜 보냈다.

세월이 흘러 진나라에 전쟁이 일어났다. 위과도 전쟁에 나갔지만 크게 패하여 적장 두회에게 쫓기게 되었다. 정신없이 도망을 치는데 넓은 초원에 한 노인이 재빠르게 풀을 서로 엮고 있는 모습이 보였다. 위과는 재빨리 노인이 있는 곳으로 도망쳤고, 그곳을 무사히 빠져나갔다. 하지만 두회는 말과 함께 쓰러지고 말았다. 그 틈을 이용해 위과는 두회를 사로잡고 전세를 단번에 역전시켜 승리로 이끌었다.

위과는 두회를 잡고 풀을 살펴보았다. 그런데 놀랍게도 풀은 서로 엮여 있었다. 그 풀에 두회의 말이 걸려 쓰러졌던 것이다. 그날 밤, 위과의 꿈에 그 노인이 나타났다.

"나는 위무자의 아비 되는 사람이오. 당신이 내 딸의 목숨을 구해 주어 나는 죽어서라도 그 은혜를 잊지 않고 풀을 엮어 은혜를 갚은 것이오."

이때부터 죽어서도 은혜를 잊지 않고 갚는다는 결초보은(結草報恩)이라는 말이 전해졌다.

심리학에는 '부정적 왜곡'이라는 것이 있다. 이것은 우리가 받아들이는 감정이나 생각이 즐거운 것보다 불쾌한 것을 더 받아들일

가능성이 크다는 것이다. 즉, 긍정적인 면보다 부정적인 면에 더 적극적으로 반응한다는 뜻이다. 그래서 사람들은 일반적으로 좋은 면을 보고 칭찬하기보다 좋지 않은 면을 보고 흉을 보거나 뒷말을 많이 한다. 이 말을 무심코 지나쳐 버리면 안 된다. 의식적으로라도 좋은 쪽을 바라보고 선택하지 않으면 반드시 좋지 않은 생각이 먼저 들기 때문이다.

부정적인 생각을 긍정적인 생각으로 바꾸려면 감사하는 마음을 갖고 생활하면 된다. 감사는 어떤 상황에서도 가장 좋은 쪽을 선택하고 주어진 혜택에 대한 고마움을 말과 행동으로 표현하는 것이다. 그래서 감사하는 습관을 들이면 늘 좋은 면을 보게 된다.

미국의 유명한 '오프라 윈프리 쇼'라는 토크쇼가 있었다. 이 프로그램은 미국뿐만 아니라 전 세계적으로 영향을 끼쳤다. 여기에서 소개된 책들은 모두 곧바로 베스트셀러가 될 정도였다. 이 프로그램을 진행하는 오프라 윈프리는 미국인이 가장 좋아하는 여성이며, 가장 영향력 있는 인물 1위에 오른 사람이다. 그녀는 재산이 무려 6억 달러가 넘는 부자이기도 하다.

그러나 그녀의 어린 시절은 하루하루가 지옥이나 다름없었다. 이웃에게 성폭행을 당해 아이를 사산했고, 마약에도 손을 댔다. 살려는 의욕이 없으니 몸무게는 자연스레 107킬로그램까지 늘어나기도 했다. 그런 삶을 살던 그녀가 어떻게 세계적인 인물로 변화될 수 있었을까?

그녀가 바뀔 수 있었던 것은 '감사 일기' 덕분이다. 그녀는 지금까지 하루도 빼먹지 않고 감사 일기를 쓰고 있다. 아무리 바빠도 감사 일기만큼은 꼭 쓰고 잠자리에 든다. 특별한 일이 없어도 지극히 일상적인 일들을 적는다.

- 오늘도 거뜬하게 잠자리에서 일어날 수 있어서 감사합니다.
- 유난히 눈부시고 파란 하늘을 보게 해 주셔서 감사합니다.
- 점심때 맛있는 스파게티를 먹게 해 주셔서 감사합니다.
- 얄미운 짓을 한 동료에게 화내지 않았던 저의 참을성에 감사합니다.
- 좋은 책을 읽었는데 그 책을 써 준 작가에게 감사합니다.

그녀는 감사한 일이 생기면 언제 어디서든지 바로 노트를 꺼내 기록한다. 그 힘이 마약을 하던 문제아에서 세계적으로 영향을 끼치는 인물로 변화하게 한 것이다. 오프라 윈프리는 감사 일기를 통해 두 가지를 배웠다고 말한다.

첫째, 인생에서 소중한 것이 무엇인지를 깨달았다

둘째, 삶의 초점을 어디에 맞춰야 하는지를 배웠다.

그녀는 감사 일기를 쓰면서부터 사물의 좋은 면을 보게 되었다. 매일 감사한 것들을 써야 하므로 불평할 것들을 멀리할 수밖에 없었다.

포스코ICT 허남석 사장은 '행복 나눔 125운동'을 펼치고 있다. 한 달에 한 번 선행하고, 한 달에 두 권 좋은 책을 읽고, 하루 5가지씩 감사드리며 살자는 뜻에서 시작한 운동이었다. 이 운동을 벌이고 나서 회사도 직원도 바뀌었다. 회사로서는 경영성과가 좋게 나타났다. 직원들도 긍정적인 마인드로 임했고, 가정불화도 점차 줄어들어 이혼율도 감소했다. 이제는 '감사 경영'을 포스코 전 계열사로 확장했다. 포스코에 견학 온 일본의 대표적 기업 도요타직원들도 감사 경영의 효과를 보고 깜짝 놀랐다고 한다. 곧 그들도 감사 경영을 도입하겠다고 할 만큼 감사의 능력은 어느 영역에서나 능력을 발휘하고 있다.

미국 캘리포니아 주립대학의 에몬스 심리학과 교수는 감사 일기를 쓴 사람과 쓰지 않는 사람을 비교해 보았다. 그 결과 감사 일기를 쓴 사람의 행복지수가 높게 나타났다. 뇌에서 분비되는 호르몬에서도 분노나 우울한 감정을 느낄 때 나오는 호르몬이 덜 분비된 것을 확인했다.

감사는 부메랑이라고 한다. 내가 감사하는 마음을 품고 말로 표현하면 그것이 다시 자신에게로 되돌아오는 것이다. 감사를 표현하면 상대방은 저절로 기분이 좋아진다. 화내고 싶어도 화를 내지 못한다. 그러면 상대방은 저절로 감사의 표현을 하게 된다. 플로랑스 스코벨 쉰은 부메랑 효과에 대해 이렇게 말했다.

"남에게 준 것은 언젠가 되돌려 받는다. 삶은 부메랑이다. 우리의 생각, 말, 행동은 언제가 될지는 모르지만 틀림없이 되돌려 받는다. 그리고 그것들은 희한하게도 우리 자신을 명중시킨다."

《로빈슨 크루소》를 쓴 다니엘 디포는 "부족한 것들에 대해 불만족스러워하는 것은 지금 가지고 있는 것에 대한 감사함이 없기 때문이다"라고 했다. 생활하면서 불평불만을 일삼는 사람은 감사하지 않기 때문이라는 의미다. 그만큼 감사는 위력적이다.

유대인의 지혜서인《탈무드》에는 이런 이야기가 있다.

"세상에서 가장 강한 사람은 자기를 이기는 사람이고, 가장 부유한 사람은 만족할 줄 아는 사람이며, 세상에서 가장 지혜로운 사람은 배우는 사람이고, 세상에서 가장 행복한 사람은 감사하며 사는 사람이다."

감사는 선택이다. 어떤 쪽을 바라보고 행동하느냐는 자신의 마

음에 따라 달라진다. 감사하는 마음을 품으면 생각이 바뀌고 행동
이 바뀐다. 자연스레 삶의 변화도 나타난다. 감사하는 마음이 한
사람의 인생을 바꾸는 위대한 결과를 낳는다.

새옹지마
塞翁之馬
변방 새　늙은이 옹　갈 지　말 마

변방에 사는 늙은이의 말이란 뜻으로,
사람이 살다보면 좋은 일이 생길 때도 나쁜 일이
생길 때도 있듯이, 좋다고 너무 좋아하지 말고
나쁘다고 너무 슬퍼하지 말라는 의미의 말.

　　　　　　중국 북쪽 변방(邊方)에 한 노인이 살고 있
었다. 어느 날, 노인이 기르던 말이 이유도 없이 오랑캐 나라로 달
아나 버렸다. 한 마리밖에 없는 말을 잃은 것을 걱정한 동네 사람
들이 위로를 했다. 그러자 노인은 태연하게 이렇게 말했다.

　"이 일이 복이 될지 누가 알겠소?"

　몇 달 후, 과연 도망갔던 말이 오랑캐 말과 짝을 지어 돌아왔다.
그 말은 아주 귀한 품종으로 덩치도 좋고 힘도 셌다. 이번에는 동
네 사람들이 찾아와 축하를 해 주었다. 하지만 노인은 또 태연하게

이렇게 말했다.

"이 일이 화가 될지 누가 알겠소?"

두 마리 말은 사이좋게 자라 새끼를 낳았다. 그런데 노인의 아들이 말을 타다가 그만 다리가 부러져 평생 다리를 절뚝거리게 되었다. 동네 사람들이 이를 위로하자 노인은 이번에도 담담히 말했다.

"이 일이 복이 될지 누가 알겠소?"

그로부터 1년이 지나 오랑캐가 쳐들어왔다. 모든 젊은이는 전쟁터로 나갔고 열에 아홉은 죽고 말았다. 그러나 노인의 아들은 말에서 떨어진 다리 때문에 전쟁터에 나가지 않아 살 수 있었다.

새옹지마는 눈앞에서 벌어지는 일의 결과에 너무 연연하지 말라는 의미를 전해 주고 있다.

눈앞에 벌어지는 일에 대하여 어떻게 생각하느냐에 따라 미래는 달라진다. 좋지 않은 일이 발생할 때 낙심하고 좌절하면 좋은 결과를 얻지 못한다. 좋은 일이 벌어질 때 자아도취에 빠지면 교만하게 되고 성장하지 못한다. 어떤 일이 벌어지더라도 냉정하게 판단하고 행동해야 한다.

《안녕, 친구야》의 저자이자 영화 〈이웃사람〉의 원작자인 강풀이 있다. 강풀은 우리나라를 대표하는 웹툰작가다. 그는 국문학과를 졸업했지만 만화가를 꿈꾸었다. 하지만 만화가에 대한 시선은 싸늘했다. 대우도 좋지 않았고 만화가로 성공하기는 매우 힘들었다. 그래도 강풀은 만화가의 꿈을 포기하지 않았다. 만화가로 성공하기가 매우 힘들지만 자신은 만화를 통해 하고 싶은 이야기를 전달하고 싶었기 때문이다.

꿈에 대한 열정은 도전으로 이어졌다. 만화와 관련된 일은 어떤 것이라도 해 보고 싶었다. 그래서 교보문고 잡지 코너에서 잡지사 전화번호와 이메일을 적어서 집으로 돌아왔다. 무려 480군데에 이력서를 보냈다. 결과는 예상외로 참담했다. 겨우 3곳에서 연락이 왔다. 간신히 한 곳에 취직을 하지만 회사생활이 여의치 않아 사표를 내고 말았다. 만화가로서 기회조차 없는 상황이 계속되었다.

그때 강풀은 다른 각도로 현실을 바라봤다. 종이로 된 만화가 안 되면 온라인에 연재하면 될 것 같다는 생각이 들었다. 그렇게 해서 강풀닷컴을 만들고 자신의 홈페이지에 자신이 평소에 그리고 싶었던 만화를 그려 올리기 시작했다.

그의 예상은 적중했다. 빠르게 입소문이 퍼졌고, 독자들이 너도나도 강풀닷컴을 찾았다. 그리고 서서히 성공의 나래가 펴지기 시작했다.

그는 모든 사람이 반대했지만 만화가의 길을 걸었다. 그리고 보란 듯이 성공했다. 그는 만화가를 바라보는 시선에 대해 이렇게 말했다.

"만화가는 먹고살기 어려울 것이다. 맞는 말이에요. 왜 한국 만화가 어려운지 말씀드리자면 길어요. 어느 곳이나 어려운 것은 마찬가지에요. 저는 잘 먹고삽니다. 그래서 만화가는 먹고살기 어렵

다는 것은 편견인 것 같고, 상상력 속에서만 의지하여 살고 싶은 것이 만화가의 길이라는 의견에 저는 '상상력을 현실로 표현하는 것이 만화가의 길'이라고 답해드리고 싶네요."

강풀은 만화가는 먹고살기 힘들다는 현실을 다른 각도로 바라보고 돌파구를 찾았다. 다른 사람들은 여전히 부정적으로 생각했지만 강풀은 방법을 찾고 도전했다. 그것이 그에게 성공을 안겨 주었다.

우리의 삶은 양면성이 있다. 어느 한쪽을 선택하면 다른 쪽은 포기하게 되어 있다. 내면에도 항상 긍정과 부정이 존재하고 있다. 한꺼번에 긍정과 부정이 동시에 작동되지는 않는다. 우리가 어떤 것을 선택하느냐에 따라 우리 몸의 시스템은 변한다. 긍정의 시스템을 작동시키면 항상 좋은 쪽을 보고 즐거워한다. 부족한 상황에서도 감사하는 생활을 한다.

긍정과 부정은 어디까지나 자신이 선택하기에 달렸다. 삶 속에서 부정적인 요소들이 쏟아져도 자신이 긍정의 시스템을 작동시키면 그만이다. 옆에서 누가 무슨 말을 하든 상관없다. 오직 자기 자신만이 결정의 권한이 있다.

미국의 여류작가 델마 톰슨의 남편은 군인이었다. 그녀의 남편은 제2차 세계대전 중 모하비 사막의 육군 훈련소에 배속되었다. 남편을 따라 그녀도 사막으로 이사를 했다. 그곳은 선인장 그늘에 있어도 45도의 폭염으로 견디기 힘들고, 눈을 뜨기 어려운 모래바람 때문에 음식을 먹기도 힘들 정도로 환경이 좋지 않았다. 주변에 살고 있는 사람은 멕시코인과 인디언들뿐이어서 영어로 소통할 수 있는 사람은 없었다. 그녀에게는 하루하루가 마치 지옥 같았다.

견디다 못한 그녀는 국방부 고위층에 있는 아버지에게 편지를 보냈다. 자신이 있는 곳은 형무소와 다름없어 더 이상 살 수 없으니 집으로 돌아가겠다는 내용이었다. 얼마 후 아버지로부터 답장이 왔다. 그런데 편지는 두 줄로 된 짧은 내용이 전부였다.

"두 사람이 감옥에서 밖을 바라보았다. 한 사람은 진흙탕을, 다른 한 사람은 별을 바라보았다."

편지를 읽은 그녀는 자신이 지금까지 진흙탕만 보고 살았다는 사실을 깨달았다. 자신이 부끄러워 견딜 수 없었다. 그때부터 그녀는 삶의 태도를 바꾸었다. 원주민과 친해지기 위해 노력하며 다가갔다. 그러자 원주민들도 그녀에게 전통도자기 만드는 법을 가르쳐 주고, 전통 직물 짠 것을 아무 대가 없이 선물로 주었다.

그녀는 시간이 나는 대로 사막의 생태를 관찰했다. 생각을 바꾸며 사막을 바라보자 너무나 아름다운 모습이 펼쳐졌다. 조개 화석이 보이고 아름다운 석양은 어느 곳에서도 볼 수 없는 멋진 모습이었다. 그녀는 사막에서의 경험을 토대로 책을 썼다. 그렇게 해서 《빛나는 성벽》이라는 책이 탄생했고, 그녀는 일약 베스트셀러 작가가 되었다.

인도의 어느 마을에 한 마리의 쥐가 살고 있었다. 그 쥐는 고양이가 무서워 꼼짝도 하지 못하고 숨어서 지내야만 했다. 그 모습을 안타깝게 여긴 신이 쥐를 고양이로 만들어 주었다. 고양이는 매우 기뻐했다. 다시는 쥐 때문에 걱정하지 않아도 되었기 때문이다. 그런데 이제는 개가 무서워 살 수가 없었다.

이번에도 신은 쥐를 호랑이로 변신시켜 주었다. 누구도 무서워하지 말고 씩씩하게 살아가라는 뜻이었다. 그런데 쥐는 사냥꾼이 너무 무서워 살 수가 없었다. 금방이라도 사냥꾼이 나타나 자신을 해칠 것만 같았다. 그 모습을 보고 있던 신은 탄식하며 이렇게 말했다.

"너는 다시 쥐가 되어라. 무엇으로 만들어도 쥐의 마음을 가지고 있으니 나도 어쩔 수 없구나."

쥐는 자신의 좋은 점을 바라보지 않았다. 일어나지도 않을 최악의 상황을 바라보며 걱정만 했다. 그러니 호랑이가 되어서도 벌벌

떨며 지내야 했다.

　눈앞에 어떤 상황이 벌어지든 간에 마음이 흔들리면 안 된다. 마음의 중심을 잡고 될 수밖에 없는 상황을 바라봐야 한다. 어떤 상황에서도 자기 자신을 믿고 나아가야 한다. 나를 일깨워 주는 사람은 오직 자신밖에 없다. '나는 내가 좋아. 나는 괜찮은 사람이야. 무슨 일이든 하면 돼'라고 마음먹고 도전하면 된다. 때로는 실패할 수 있다. 그래도 '괜찮아, 다시 도전하면 되지 뭐'라는 자세로 일어서면 그만이다. 사람은 살다 보면 좋을 때도 있고 나쁠 때도 있다. 그때마다 기뻐하다, 좌절하다를 반복하면 안 된다. 될 수밖에 없는 상황으로 해석하고 반응하고 자기 자신을 믿는 것, 이것이 삶을 바꾸는 원동력이다.

사면초가
四面楚歌
넉 사　낯 면　초나라 초　노래 가

사방에서 들려오는 초나라 노래란 뜻으로,
사방이 적으로 둘러싸여 있어 어떻게도
할 수 없는 막막한 상태를 의미하는 말.

초나라 항우와 한나라 유방의 5년에 걸친 싸움이 끝날 무렵의 일이다. 형세(形勢)는 이미 한나라로 기울어 항우는 한나라 군사에게 완전히 포위되고 말았다. 하지만 싸움은 완전히 끝나지 않았다. 항우가 비록 궁지에 몰리긴 했으나 워낙 용맹스러워 쉽게 공격하지 못했기 때문이다.

이때 한나라의 최고 지략가 장량이 유방에게 말했다.

"지금 초나라 군사들은 지칠 대로 지쳐 있어 가족과 고향을 그리워하고 있습니다. 이럴 때 초나라 노래를 밤마다 들려주면 초나라

병사들이 고향 생각에 젖어 사기가 크게 떨어질 것입니다.”

그날 밤부터 매일 같이 초나라의 노랫소리가 사방에 울려퍼졌다.

오랜 싸움에 지친 초나라 군사들은 노래를 듣고 고향 생각에 그만 눈물을 흘렸다. 그러더니 하나둘씩 싸울 의욕을 잃고 도망치기 시작했다. 항우는 결국 싸움에서 패하고 오강까지 쫓기다 장렬한 최후를 맞이하고 말았다.

이렇게 사방으로 둘러싸여 어찌할 수 없는 상태를 사면초가(四面楚歌)라고 말한다.

사람은 마음먹기에 따라 달라진다. 환경과 처지에 상관없이 어떻게 마음을 먹느냐에 따라 삶은 변화된다.

로마의 교황 율리어스 2세가 하루는 미켈란젤로를 찾았다. 시스티나 성당의 천장에 벽화를 그려 달라는 부탁을 하기 위함이었다. 하지만 미켈란젤로는 선뜻 대답을 하지 못했다. 자신은 조각의 전문가이지 벽화는 자신이 없다고 했다. 그러자 율리어스 2세 교황은 미켈란젤로가 그림에 타고난 재능이 있다고 입이 마르도록 칭찬한 사람이 있으니 사양하지 말고 그려 달라고 청했다.

사실 미켈란젤로에게 천장벽화를 그리게 했던 사람은 교황이 아니었다. 평소 미켈란젤로를 시기하던 브라만테라는 사람이었다. 브라만테는 미켈란젤로에게 망신을 주려고 그림을 잘 그린다고 헛소문을 퍼뜨린 것이었다.

천장벽화 작업은 쉽지 않았다. 길이가 무려 41미터 폭이 13미터에 이르는 넓은 공간이었기 때문이다. 시간은 흘러갔지만 미켈란젤로는 그림이 잘 그려지지 않았다. 그는 근심 걱정에 휩싸인 채 잠이 들었는데 꿈에 성모마리아가 나타나 그에게 용기를 불어넣어 주었다.

"천장벽화를 손으로 그리려 하지 말고 마음으로 그려 보아라."

미켈란젤로는 성모마리아의 말을 듣고 마음가짐을 새롭게 했다. 자신이 그림 실력이 있는지 없는지도 아직 모른 상태에서 무조건 어렵다고 생각만 했던 것이 부끄럽게 여겨졌다. 그때부터 마음으로 천장에 그려 넣을 그림을 상상하고 자신감을 가지고 그림을 그렸다.

그렇게 해서 〈천지창조〉와 〈최후의 심판〉과 같은 명작들이 탄생하게 되었다.

개구리 두 마리가 장난을 치며 놀다가 그만 우유 통에 빠져 버렸다. 우유 통은 생각보다 깊었다. 그들의 점프력으로는 도저히 빠져나올 수 없었다. 그들은 우유 통을 벗어나려 연거푸 점프를 했지만 소용없었다. 그 모습을 보던 친구들은 도와주기는커녕 깔깔대고 웃으며 놀려댔다.

"우유 통이 얼마나 깊은데 그렇게 뛴다고 나올 수 있을 것 같으냐. 소용없으니 어서 포기해."

평소 귀가 밝은 개구리는 도와주기는커녕 놀리기만 하는 친구들이 미웠다. 그러면서 친구들의 말에 귀를 기울였다. 서서히 두려움이 밀려왔다.

'아무리 뛰어도 벗어날 수 없다고? 그러면 이러다 죽는 것 아니야?'

안 될 것 같은 생각에 사로잡히자 온몸에 힘이 빠졌다. 몸은 필사적으로 뛰었지만 결과는 오히려 반대였다. 친구들의 소리는 귀 밝은 개구리의 마음에 자리했다. 점점 자신감은 사라지고 스스로 포기하기에 이르렀다. 스스로 할 수 없다는 생각이 들자 개구리는 헤엄을 칠 수 없었고 우유 속으로 빨려 들어가고 말았다.

남은 개구리는 귀가 잘 들리지 않았다. 친구들이 비난하고 놀려도 무슨 소리인지 알 수 없었다. 이 개구리는 오직 자신의 내면에서 울리는 소리에 집중했다.

'나는 반드시 살아날 수 있을 거야!'

그런 마음이 들자 더욱 힘을 내 팔짝팔짝 뛰어올랐다. 하지만 우유 통

의 깊이가 생각보다 깊어 쉽게 빠져 나올 수 없었다. 개구리는 힘이 빠지자 이제는 헤엄치기를 쉬지 않았다. 빠져나갈 수 있다는 확신이 밀려왔기 때문이다.

한참을 헤엄치며 우유 통을 맴돌던 개구리는 놀라운 사실을 발견했다. 통 안에 있는 우유가 점점 굳어 갔던 것이다. 그가 쉬지 않고 헤엄치는 동안 우유가 버터로 변한 것이다. 이 개구리는 버터를 발판 삼아 무사히 우유 통에서 빠져나올 수 있었다.

우리가 사는 세계는 항상 선과 악, 빛과 어둠, 긍정적인 사람과 부정적인 사람, 감사하는 사람과 원망하는 사람, 정직과 거짓, 적극적인 사람과 소극적인 사람이 존재한다. 어떤 길을 선택하느냐는 전적으로 자신에게 달려 있다.

주변 상황과 조건, 주위 사람이 나에게 던지는 말에 일일이 반응할 필요가 없다. 오직 자신의 마음을 다잡고 나아가면 된다. 우리의 마음은 프로그램과 같아서 입력한 대로 출력된다. 부정적인 생각과 마음이 입력되면 온갖 바이러스가 들끓는다. 그러면 갑자기 록이 걸리고 작동이 멈춰 버린다. 마음의 바이러스를 퇴치할 수 있는 것은 나쁜 상황에 집중하지 않는 것이다. 그리고 자신의 좋은 면을 보고 마음을 새롭게 하면 된다.

일본의 세계적인 일러스트레이터 나카무라 미츠루는 이렇게 말했다.

"인생은 곱셈이다. 아무리 찬스가 와도 내가 제로라면 아무것도 아니다."

　아무리 많은 기회가 주어지고 좋은 여건이 생겨도 자신의 마음이 제로이면 소용없다. 기회지수를 아무리 곱해도 내가 제로이면 기회는 항상 제로가 된다. 현재 상황, 자신의 배움, 여건 등과 관계가 없다. 사면초가의 상황에 처하더라도 생각을 바꾸고 마음 속 희망을 찾아야 한다. 스스로 생각을 바꾸면 인생도 바뀐다.

후한(後漢) **시대에 진식은** 일처리가 공정하고 성품이 관대해 고을 사람들의 존경을 받았다. 그가 태구 현의 현감으로 있던 때였다. 어느 해에 흉년(凶年)이 들어 백성의 생활이 몹시 어려워졌다.

어느 날 밤, 진식이 대청마루에서 책을 읽고 있었다. 그때 그는 도둑이 슬그머니 들어와 대들보 위로 숨은 것을 눈치챘다. 하지만 진식은 모른 척하고 책을 읽다가 아들과 손자들을 불렀다. 그러고는 이렇게 말했다.

"무릇 사람이란 본래부터 나쁜 것은 아니니라. 평소 잘못된 버릇은 어느새 습관이 되고 성격이 되느니라. 바로 저 대들보 위에 있는 군자처럼 말이다."

대들보 위에서 진식의 말을 들은 도둑은 소스라치게 놀랐다. 그러다 그만 '쿵' 소리와 함께 떨어지고 말았다.

아들과 손자들은 도둑을 잡아야 한다고 소란을 피웠다. 하지만 진식은 아무 말 없이 아들과 손자를 말렸다. 그 모습을 본 도둑은 진식이 보통 사람이 아니라는 것을 깨닫고 용서를 빌었다.

진식은 도둑을 보며 조용히 미소(微笑)를 지으며 말했다.

"그대의 얼굴을 보아하니 나쁜 사람 같지는 않구나. 오죽이나 어려웠으면 이런 짓을 했겠는가. 내 비단 두 필을 줄 터이니 다시는 이런 짓을 하지 말고 착하게 살아야 하네."

그 일로 도둑은 크게 뉘우쳤다. 소문은 마을에 삽시간에 퍼졌고, 백성을 사랑하는 진식 덕분에 태구현에는 도둑이 싹 사라졌다고 한다.

양상군자(梁上君子)는 도둑의 마음을 이해하고 말로 타일러 기회를 준 진식을 보고 말의 중요성을 깨닫게 해 주는 고사성어(故事成語)로 사용되기도 한다.

'말이 씨가 된다'는 속담이 있다. 말이 곧 씨앗과 같다는 의미다. 우리가 입으로 내뱉은 말은 씨앗처럼 마음에 떨어져 뿌리를 내리고 자란다. 좋은 말의 씨앗을 뿌리면 반드시 좋은 열매를 맺는다.

그러나 부정적인 말의 씨앗을 뿌리면 반드시 나쁜 열매가 맺히게 된다.

2009년, MBC아나운서와 함께 말의 힘에 대해 실험을 하는 다큐멘터리가 방영되었다. 아나운서들에게 똑같은 병에 햅쌀로 지은 쌀밥을 유리병에 담아 주었다. 한쪽 병에는 '고맙습니다!'라는 말을 붙여 놓고 매일 "고맙습니다. 사랑합니다"라고 말해 주었다. 다른 쪽 병에는 '짜증나!'라는 말을 붙여 놓고 짜증 섞인 말과 나쁜 말을 해 주었다.

4주 후, 뚜껑을 열고 밥이 어떻게 변했는지 살폈다. 그런데 놀라운 변화가 일어났다. '고맙습니다!'라고 붙여 놓은 병에서는 하얀 곰팡이가 구수한 향기를 내뿜었다. 반면 '짜증나!'라고 붙여 놓은 병에서는 거무스름한 곰팡이가 심한 악취를 풍겼다. 밥이 썩어 버린 것이다.

밥을 넣어 놓고 아나운서들이 한 일은 좋은 말과 나쁜 말을 해 준 것밖에 없었다. 하지만 그 결과는 엄청난 차이를 보여 주었다.

에모토 마사루의《물은 답을 알고 있다》라는 책은 말의 힘을 알게 해 준 책이다. 여기서도 같은 물을 가지고 한 쪽에는 좋은 말, 다른 쪽은 나쁜 말을 해 주었다. 그리고 물을 살짝 얼려 물의 결정체를 사진으로 찍어 관찰했다. 물도 밥처럼 좋은 말을 한 것은 예쁜 결정체가 생긴 반면, 나쁜 말을 한 쪽은 썩은 물처럼 색깔이 변했다.

우리의 몸은 70퍼센트가 물로 되어 있다. 다른 사람이 나에게, 스스로 자신에게 나쁜 말을 하면 우리 몸은 들리는 대로 반응한다. 그러므로 어떤 일이 있더라도 긍정적인 말을 해야 된다.

초등학교 5학년 때까지 구구단도 외우지 못한 불량소년이 있었다. 그 소년은 어머니의 말 한마디로 세계적인 의사로 변화했다. 바로 세계 최초로 샴쌍둥이 분리수술에 성공한 미국 존스 홉킨스 대학의 벤 카슨 박사가 그 주인공이다.

그는 어렸을 때 수학시험에서 자주 빵점을 맞았다. 친구들과 싸우기 일쑤였고, 매일 말썽이 끊이지 않았다. 하지만 그의 어머니는 틈만 나면 "벤, 넌 마음만 먹으면 무엇이든 할 수 있어! 노력만 하면 할 수 있어!"라고 말해 주었다. 어머니의 말은 벤 카슨의 마음에 깊이 새겨졌다. 그 후

벤 카슨은 공부에 집중하기 시작했고 세계적인 의사가 되었다.

어느 날, 벤 카슨에게 기자가 물었다.

"오늘의 당신을 만들어 준 것은 무엇입니까?"

벤 카슨은 조용히 대답했다.

"나의 어머니, 쇼냐 카슨입니다. 어머니는 내가 늘 꼴찌를 하면서 흑인이라고 따돌림을 당할 때도 '벤, 넌 마음만 먹으면 무엇이든 할 수 있어! 노력만 하면 할 수 있어!'라는 말을 끊임없이 들려주면서 내게 격려와 용기를 주었습니다."

벤 카슨은 그의 어머니가 해 준 말에 용기를 얻고 새롭게 거듭날 수 있었다.

세계적인 경영의 신이라 불리는 전 GE 회장 잭 웰치가 있다. 그는 어린 시절 심한 말더듬이로 아이들의 놀림을 받고 자랐다. 그러나 그의 어머니는 잭 웰치를 격려했다.

"네가 말을 더듬는 이유는 생각의 속도가 너무 빨라서 입이 그 속도를 따라 주지 못하기 때문이란다. 걱정 마라. 넌 잘하고 있단다. 너는 커서 큰 인물이 될 거야."

잭 웰치는 어머니의 끊임없는 칭찬과 격려의 말 때문에 경영신화를 이루었다.

제2차 세계대전 당시 영국은 패전의 위기에 몰렸다. 영국인들이 생활을 할 수 없을 정도로 많은 독일 전투기가 영국 상공을 뒤덮었다. 폭탄 터지는 소리는 쉴 새 없이 들렸고, 전쟁의 희망은 보이지 않았다.

그때 총리였던 윈스턴 처칠은 BBC라디오를 통해 대국민 연설을 한다.

"내가 바칠 것은 피와 땀과 눈물밖에 없습니다. 우리는 가장 혹독된 시련을 앞에 두고 있습니다. 기나긴 투쟁과 고난의 세월이 우리를 기다리고 있습니다. 여러분은 우리의 정책이 무엇이냐고 묻습니다. 나는 답할 수 있습니다. 그것은 땅에서 바다에서 하늘에서 전쟁을 수행하는 것입니다. (중략) 여러분은 우리의 목적이 무엇이냐고 묻습니다. 나는 한마디로 답할 수 있습니다. 그것은 승리입니다. 어떠한 대가를 치르고서라도 반드시 승리합시다. 모든 공포를 이겨내고 반드시 승리합시다. 승리에 이르는 길이 아무리 길고 험난해도 반드시 승리합시다. 승리하지 않으면 생존할 수 없습니다."

처칠의 연설을 들은 국민은 희망의 소리를 들었다. 현실은 암울하지만 함께하면 얼마든지 이길 수 있다고 믿었다. 3일 치밖에 남지 않은 식량으로 보름이나 견디며 싸운 영국군은 마침내 전쟁에서 승리했다.

도저히 이길 수도 없는 전쟁을 승리로 이끈 것은 처칠의 긍정적인 말 때문이다. 그 말에 힘입어 영국군은 다시 일어서는 괴력을 발휘했다.

2011년 6월 한국교육개발원 조사에 따르면 청소년들 중 73.4퍼센트가 매일 욕을 한다고 나타났다. 습관적으로 욕을 내뱉은 청소년도 많았다. 그런데 이렇게 무의식적으로 내뱉는 언어가 자신의 삶에 직접적인 영향을 준다는 것이다. 내가 말한 대로 내 몸이 반응하고 변한다는 사실을 기억하고 언어를 다스리도록 힘써야 한다. 그렇지 않으면 내가 던진 말에 내 자신이 위태로울 수 있기 때문이다.

조그마한 방향키가 배 전체의 방향을 통제한다. 이렇듯 우리의 혀도 우리 삶의 방향을 좌지우지한다. 무의식적이고 습관적인 말로 "나는 이것밖에 안 돼!", "나는 도저히 안 되나봐"라고 부정적인 말을 하면 차츰차츰 실패를 향해 나아간다. 하지만 어떤 상황에서도 "나는 할 수 있어"라고 말하고 행동하면 차츰차츰 성공을 향해 전진하게 된다. 지금 하고 있는 말을 점검해 보아야 한다. 그 말에 따라 미래의 향방이 결정된다.

제5장

나만이 아닌 모두를 위한 꿈을 품어라

제나라에 관중과 포숙아가 살고 있었는데 이들은 어렸을 때부터 함께 자라 둘도 없는 친구였다.

당시 제나라는 양공이 다스렸다. 그런데 관중은 양공의 아들 '규'의 부하로, 포숙아는 규의 이복동생 '소백'의 부하로 들어가게 되었다.

어느 날, 양공이 사촌동생 공손무지에 의해 죽임을 당했다. 그 때문에 관중은 규를 따라 노나라로, 포숙아는 소백을 따라 거나라로 피했다.

　이듬해, 공손무지가 죽자 규와 소백은 제나라로 돌아와 서로 왕위를 차지하기 위해 싸웠다. 그러다보니 관중과 포숙아도 적이 되었다.

　관중은 규를 왕위에 오르게 하려고 소백을 암살하려 했다. 그러나 소백은 이미 그 사실을 눈치채고는 규가 매복하고 있는 곳과 다른 곳으로 방향을 틀어 제나라로 귀국했다. 그리고 규를 제거하고 왕위에 올랐다. 왕이 된 소백은 자신을 해치려던 관중을 잡아 죽이려 했다. 그때 포숙아가 급히 나서며 말했다.

　"이 나라 하나만을 다스리려면 저 하나로 충분합니다. 그러나 천하를 다스리려면 반드시 관중이 있어야 합니다."

　포숙아의 도움으로 목숨을 건진 관중은 세월이 흘러 재상이 되었다. 그리고 정치가로서 능력을 발휘하여 제나라를 부강한 나라로 만들어 갔다.

　세월이 흐른 후 관중은 포숙아에 대한 고마움을 이렇게 말했다.

　"포숙아는 내가 어떤 어려움을 당해도 나무라지 않고 도와주었다. 나를 낳아 주신 분은 부모님이지만, 언제나 나를 알아준 사람은 포숙아다."

　그 후로 포숙아는 관중의 아랫사람이 되어 그를 받들어 나라를 이끌어 갔다. 그때부터 두 사람의 이름 첫 글자를 따서 진정한 우정을 일컫는 말로 관포지교(管鮑之交)라 했다.

　사람은 혼자서는 살 수 없다. 반드시 서로 관계를 맺고 살아가야 한다. 그래서 유명한 철학자 아리스토텔레스는 ‘인간은 사회적 동물이다’라고 말했다. 사람은 사회를 이루며 서로 돕고 나누며 살아가야 한다는 것이다.

사람은 외로우면 살지 못한다. 친구 없이 혼자만 지내는 사람은 마음에 병이 찾아온다. 그래서 반드시 관계를 맺고 살아야 한다. 특히 친구와의 관계는 더욱 중요하다. 친구는 부모님께 털어놓지 못하는 고민을 나눌 수 있다. 또래끼리 겪는 어려움을 함께하며 극복해 나갈 수도 있다. 힘들 때는 위로해 주고 용기를 북돋워 주며 다시 일어설 수 있도록 이끌어 준다.

우리는 치열한 경쟁 속에 살고 있다. 잠시만 한눈을 팔면 뒤처지고 만다. 그러다보니 친구와 우정을 쌓고 사이좋게 지내야 함에도 친구들을 오히려 경쟁상대로 여긴다. 상대를 이겨야 자신이 좋은 성적을 거두고 앞서 갈 수 있다고 생각하기 때문에 우정을 쌓아 가기 힘들다. 그러나 친구를 경쟁상대로 여기고 꼭 이겨야 하는 상대로만 여기면 결국 자신에게도 해가 된다는 것을 명심해야 한다.

어떤 산속에 작은 연못이 하나 있었다. 그곳에는 예쁜 물고기 두 마리가 살고 있었다. 그런데 두 물고기는 서로 경쟁하느라 늘 싸우기만 했다.

‘저 녀석만 없으면 이곳에서 나 혼자 편안하게 살 수 있을 텐데…….’

서로 못마땅하게 여긴 물고기는 큰 싸움을 하게 되었다. 서로 물

어뜯으며 싸우다 그만 한 마리가 죽고 말았다. 싸움에서 이긴 물고기는 이렇게 생각했다.

'이제야 내 세상이 되었어. 나 혼자 잘 살 수 있을 거야.'

살아남은 물고기는 연못을 혼자 쓸 수 있어서 좋았다. 마음대로 헤엄쳐도 누구 하나 이야기하는 사람이 없었다. 먹을 것도 혼자서 실컷 먹을 수 있었다.

그런데 어느 날부터 연못에 물이 썩어 가기 시작했다. 죽은 물고기가 썩어 물을 오염시킨 것이다. 결국 남은 물고기도 얼마 지나지 않아 죽음을 맞이하고 말았다.

경쟁에서 이기기 위해 혼자만 잘하면 된다고 생각하면 안 된다. 사람은 더불어 살아가게 되어 있다. 사람을 인간(人間)이라 부르는 한자어를 보면 그 의미를 알 수 있다. 인(人)은 서로 기대는 존재임을 말하고, 간(間)

은 '사이'를 뜻하는 말이다. 곧 서로 관계를 맺으며 살아야 함을 의미한다. 결국 혼자서는 살아갈 수 없다는 말이다.

인도의 성자 선다 싱이 한겨울에 눈 덮인 히말라야 산맥을 넘어가고 있었다. 마침 산을 넘어가는 사람이 있어 함께 길을 갔다. 그런데 갑자기 눈보라가 몰아쳐 한 치 앞도 보이지 않았다. 간신히 눈 속을 헤치며 가고 있는데 한 사람이 쓰러져 있었다.

선다 싱은 넘어진 사람을 부축해서 함께 산을 넘어가자고 했다. 그러나 함께 산을 넘는 사람은 혼자도 가기 힘든데 그렇게는 못하겠다며 혼자 가 버렸다. 하는 수 없이 선다 싱은 아픈 사람을 업고 산을 넘기 시작했다. 한참을 가고 있는데 저만치 또 누군가 쓰러져 있었다. 가까이 가 보니 먼저 길을 떠난 사람이었다. 그는 혼자 산을 넘다 추위를 견디지 못하고 죽음을 맞이한 것이다.

선다 싱은 아픈 사람을 업고 산을 넘었다. 그리고 등에 업힌 아픈 사람에게 이렇게 말했다.

"고맙습니다. 당신 때문에 제가 얼어 죽지 않고 살 수 있었습니다."

선다 싱은 아픈 사람을 업고 가면서 몸에 열이 난 덕분에 서로 살 수 있었던 것이다.

러시아의 유명 작가 톨스토이는 서로 도와야 하는 중요성을 이렇게 말했다.

"친절은 이 세상을 아름답게 만들며 모든 비난을 해결한다. 그리고 얽힌 것을 풀어 헤치고, 어려운 일을 쉽게 만들고, 희망이 없고 막막한 것을 즐겁게 바꾼다.”

미국 카네기공대 졸업생들에게 성공하는 데 가장 영향을 끼친 것이 무엇이냐는 질문을 던졌다. 그들은 공통적으로 “전문지식이나 기술은 15퍼센트밖에 영향을 주지 않았으며, 나머지 85퍼센트가 인간관계였다”고 대답했다.

미국에서 직장을 옮기게 된 경로가 무엇이었는지에 대해 설문조사를 했다. 그중 1위가 ‘지인의 소개’였다. 개인주의가 만연한 미국에서조차 인맥과 인간관계가 매우 중요한 요소였다. 부자가 될 수 있는 요소 1위도 ‘인간관계’였다. 원만한 인간관계를 맺지 못하면 부를 누리지도 못한다는 것이다.

단순히 돈을 버는 것을 떠나 행복한 삶의 시작은 함께하는 것이다. 친구와 함께할 때 기쁨이 샘솟고 학교생활이 즐겁다. 친구를 단순히 경쟁상대로 여기지 말고 함께해야 하는 존재로 생각해야 한다. 특히 청소년기에 사귄 친구는 평생 동안 친구 관계가 지속된다. 그 어느 때보다 깊은 우정을 쌓을 수 있는 시기가 청소년기다. 그러므로 좋은 친구를 사귀는 데 심혈을 기울여야 한다. 더불어 자신이 좋은 친구가 되어 주는 것에도 마음을 쏟아야 한다. 좋은 친구가 많을 때 꿈을 이루는 능력은 배가된다. 관포지교의 마음으로 친구를 사귀도록 힘쓰자. 그 우정의 힘이 꿈을 이루는 도화선이 된다.

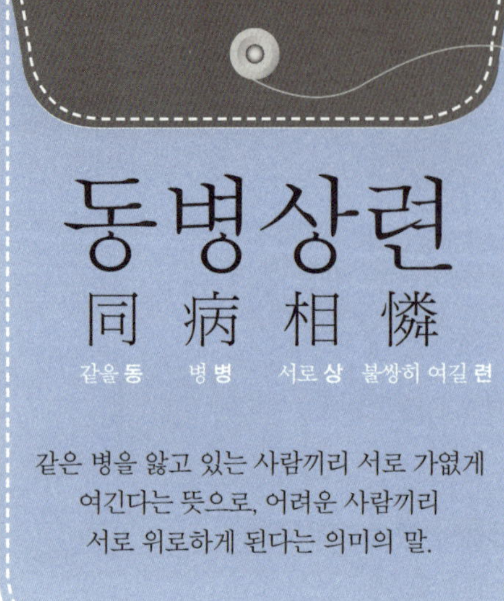

초나라 오자서는 비무기라는 사람에게 억울한 모함을 받아 관직에서 쫓겨나고 말았다. 그 때문에 아버지와 형도 억울한 누명을 쓰고 죽임을 당했다. 오자서는 억울한 누명을 벗고 복수를 하기 위해 어쩔 수 없이 고향을 떠나야 했다. 고향을 떠난 오자서는 합려를 도왔다. 그리고 오나라를 세우는 데 큰 공을 세우고 벼슬길에 올랐다.

어느 날, 백비라는 사람이 오자서를 찾아왔다. 백비도 오자서처럼 비무기에게 모함을 받아 아버지를 잃고 오나라로 도망 온 것이

었다. 그런 백비를 오자서는 합려에게 천거하여 높은 벼슬을 얻게
해 주었다.

이 소식을 들은 피리라는 사람은 못마땅하게 여기며 오자서에게
물었다.

"백비의 눈길은 매와 같고 걸음걸이는 호랑이와 같아서 사람을
해칠 상이오. 그런 사람에게 덜컥 벼슬을 주면 어떻게 한단 말이
오."

그러자 오자서가 조용히 대답했다.

"백비는 나와 같은 원한을 가지고 있어서 벼슬을 주었소. 옛말에
'같은 병을 앓는 사람끼리는 서로 불쌍히 여기고 같은 근심은 서로
구해 준다'는 말도 있잖소."

피리는 오자서 말의 뜻을 깨닫고 조용히 물러났다. 그러면서 한
가지를 부탁했다. 되도록 백비를 가까이 하지 말라는 것이었다. 하
지만 오자서는 피리의 말을 듣지 않았다.

그로부터 9년 후, 합려는 초나라를 공격해 크게 승리했다. 오자
서와 백비는 옛날 원한에 대한 복수도 했다.

그러나 훗날 오자서는 피리의 예상대로 월나라와 손을 잡은 백
비의 모함에 빠져 목숨을 잃고 말았다.

이처럼 동병상련(同病相憐)은 어려운 처지에 있는 사람끼리 불쌍
히 여기고 잘 이해해 준다는 것을 비유할 때 쓰이게 되었다.

요즘 청소년들은 한비야와 반기문 유엔사무총장처럼 국제무대

에서 일하고 싶어 한다. 세계에 영향력을 끼치며 살기를 원하기 때문이다. 긴급구호 팀장이 꿈인 친구들도 많다. 유엔과 관련된 일을 하고 싶어 하는 청소년들은 해가 갈수록 증가하고 있다.

하지만 국제무대에서 일하려는 청소년들 중에 제대로 준비하고 있는 사람은 드물다. 대부분이 리더십을 기르는 데 시간을 할애한다. 반장과 회장선거가 있으면 서로 하려고 나서서 경쟁이 치열하다. 영어 공부를 하기 위해 해외연수는 이제 누구나 다 하는 기본이 되었다.

그러나 국제무대에서 일하기 위해 필요한 것은 리더십과 영어 공부가 아니라고 한비야는 힘주어 말한다. 한비야는 다음과 같이 말했다.

"제가 했던 구호활동 같은 일은 진심으로 해야 하는 일입니다. 왜 구호활동을 하고 싶은가, 나는 정말 굶주린 아이가 없는 세상을 만들고 싶은가 같은 질문을 던져야 합니다. 화려한 스펙보다 영화 〈울지마 톤즈〉에서처럼 더러운 물에 컵도 없이 입을 대고 마시는 사람들의 모습을 가장 가슴 아프게 떠올릴 줄 아는 그런 사람이 필요합니다."

한비야는 자신이 하고 싶고, 도움을 주려는 사람에 대한 따뜻한 마음이 있어야 한다고 말한다. 그래야 불편하고 힘든 일을 기쁜 마음으로 감당할 수 있기 때문이다.

어떤 일을 하든지 대상에 대한 사랑의 마음은 기본이다. 사랑의 마음이 있어야 성장이 가능하고 바람직한 길로 나아갈 수 있다.

미국 하버드대 의대생들을 대상으로 한 가지 실험을 했다. 한 팀은 아무 대가 없는 봉사활동을 하게 하고, 다른 팀은 돈을 받는 일을 시켰다. 그리고 두 팀을 대상으로 검사를 실시했다. 그런데 놀랍게도 검사 결과는 아주 다르게 나타났다.

대가 없는 봉사활동에 참여한 학생들은 나쁜 병균을 물리치는 항생체가 많이 나타났다. 병에 걸리지 않도록 돕는 면역 기능도 크게 향상되었다.

봉사활동을 직접 하지 않고 그녀가 봉사하고 있는 동영상만 봐도 같은 효과가 나타났다. 이것을 보고 '마더 테레사 효과'라고 한다. 이것은 누군가를 돕는 것뿐만 아니라 도우려는 마음만 품어도 삶이 달라진다는 이야기다. 면역 체계가 좋아지고

병에 잘 걸리지도 않게 되므로 행복하게 살 수 있다는 것이다.

마더 테레사 수녀가 미국 여행을 하고 있을 때였다. 한 여성이 조용히 마더 테레사를 찾아왔다. 그녀는 자신이 심한 우울증을 겪고 있다며 이렇게 말했다.

"수녀님, 저는 왜 사는지 모르겠어요. 아무런 삶의 의욕도 없습니다. 저도 남들처럼 행복해지고 싶어요."

그녀의 말을 가만히 듣고 있던 수녀는 이렇게 대답해 주었다.

"인도로 오세요. 제가 행복해지는 방법을 가르쳐 드리겠습니다."

수녀의 말을 들은 그녀는 곧바로 비행기 표를 사고 인도로 갔다. 그리고 테레사 수녀가 있는 곳으로 향했다. 테레사 수녀 집에 도착해 보니 많은 사람이 봉사활동으로 바쁘게 움직였다. 혼자 가만히 있는 것이 이상했다. 그녀는 하는 수 없이 사람들과 함께 그곳에 있는 사람들을 도우며 땀을 흘렸다.

얼마 후, 테레사 수녀가 돌아왔다. 다시 만난 그녀를 향해 수녀는 이렇게 물었다.

"아직도 힘들게 보내고 계신가요?"

그 말에 그녀는 얼굴에 미소를 머금고 이렇게 대답했다.

"아닙니다. 이제야 행복이 뭔지 알 것 같아요. 이곳에서 앞으로 어떻게 살아야 할지 깨달았습니다."

어둡던 그녀의 얼굴은 환하게 밝아졌다. 그녀가 이렇게 변할 수 있었던 이유는 간단하다. 도움이 필요한 사람들을 도우며 함께 마음을 나누는 것뿐이었다. 그러다보니 앓고 있던 우울증도 어느새 사라져 버린 것이다.

다른 사람을 불쌍히 여기고 도와주는 마음은 병을 이기게 해 준다. 병에 걸린 사람은 그 병을 치료할 수 있는 힘도 얻게 된다. 다른 사람을 돕는 마음만 품어도 우리의 삶은 좋은 방향으로 달라진다.

여러분의 주변에 도움이 필요한 사람은 누구인가. 그들을 바라볼 때 어떤 생각이 드는가. 친구들 중에 따뜻한 말 한마디로 용기를 북돋워 주어야 하는 친구가 있는가. 그 친구에게 어떻게 말하고 행동하는가.

주변을 살피며 조그마한 도움이라도 필요로 하는 사람들을 외면하지 말아야 한다. 아무 조건 없이 그들의 도움에 반응하도록 안테나를 높이 세워야 한다. 거창한 것이 아니라도 괜찮다. 도우려는 마음만 품어도 좋다. 그럴 때 내가 변하고 우리의 삶이 달라진다. 그 시작이 동병상련의 마음을 품는 데서 출발한다.

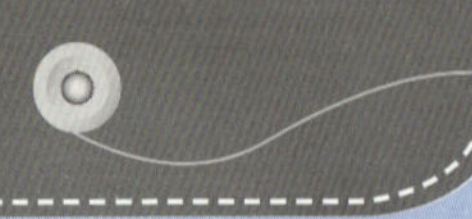

춘추(春秋)시대 진나라의 헌공의 욕심은
끝이 없었다. 헌공은 주변의 작은 나라들을 정복하며 땅을 넓혀 나
갔다. 그러다 괵나라와 우나라까지 손에 넣으려는 야망을 품는다.

그런데 한 가지 문제가 생겼다. 괵나라를 치려면 우라나 땅을 지
나가야 했는데 방법이 없었다. 헌공은 두 나라를 동시에 삼켜 버릴
음모를 꾸몄다.

헌공은 우나라 왕에게 신하를 보냈다. 괵나라를 치려고 하니 길
을 잠시 비켜주기만 해 달라며 온갖 금은보화(金銀寶貨)를 보냈다.

우나라 우공은 뇌물에 눈이 멀어 이를 허락하려 했다. 그러자 현명한 궁지기가 펄쩍 뛰며 왕에게 달려와 아뢰었다.

"절대로 헌공에게 길을 비켜 주어서는 안 됩니다. 괵나라는 우리나라의 바깥 울타리입니다. 만약 괵나라가 망하면 우나라도 함께 망할 것입니다. 옛 속담에도 '입술이 없으면 이가 시리다'라는 말도 있지 않습니까? 이는 괵나라와 우나라의 관계를 두고 한 말입니다. 그러니 절대 길을 비켜 주지 마십시오."

궁지기의 말을 들은 우공은 이렇게 대답했다.

"설마 진나라가 우리까지 공격하겠느냐?"

궁지기는 답답한 마음에 다시 우공에게 말했다.

"전하, 진나라 헌공은 욕심이 많습니다. 괵나라를 친 후 반드시 우나라도 공격할 것이 뻔합니다."

하지만 우공은 끝내 궁지기 말을 듣지 않고 길을 내 주고 말았다. 궁지기의 염려대로 진나라는 괵나라를 치고 돌아오는 길에 우나라까지 공격해 멸망시켰다.

그때부터 순망치한(脣亡齒寒)은 서로 밀접한 관계가 있어 어느 한쪽이 망하면 다른 한쪽도 영향을 받아 온전하기 어렵다는 의미로 쓰이게 되었다.

우리 삶에도 순망치한과 같이 떼려야 뗄 수 없는 관계를 가진 것이 있다. 바로 사랑과 희망이다. 세상에 희망의 불을 지피려면 반드시 사랑의 마음이 바탕에 깔려 있어야 한다. 사랑의 마음 없이는 어두운 세상을 밝힐 수 없다.

아프리카 수단, 톤즈를 사랑의 마음으로 품고 희망의 불씨를 살린 사람이 있다. 바로 《울지 마, 톤즈》라는 책과 영화의 주인공 고(故) 이태석 신부다.

이태석 신부가 살았던 수단은 끊임없는 내전으로 매일 전쟁이 벌어졌다. 같은 나라에서 서로 죽이는 일이 하루가 멀다 하고 벌어진 것이다. 그곳은 말라리아와 같은 전염병과 척박한 자연환경으로 굶주림에 허덕이는 사람도 많았다. 암울하고 웃음조차 메마른 그곳에 이태석 신부는 웃음과 희망을 선물했다.

의사였던 이태석 신부는 톤즈에 손수 병원을 지었다. 전쟁에서 부상을 당한 사람과 몸이 아파 죽어 가는 사람들을 치료해 주기 위함이었다. 그는 어렸을 때 다미안 신부의 영화를 보고 한센병자들을 치료하고 싶은 마음을 품었다. 그 꿈을 톤즈에서 펼치기 위해 병원을 지은 것이다. 그는 가족들조차 외면한 한센병 환자들의 아픈 상처를 손으로 어루만져 주었다. 그들의 하소연도 들어주며 아픈 마음을 이해했다. 한센병 환자들은 이태석 신부를 '영원한 아버지'라 부를 정도로 신뢰하고 의지했다.

소년병으로 전쟁으로 끌려간 아이들을 위해서는 학교를 지었다. 그들을 변화시키는 길은 교육밖에 없다고 생각했기 때문이다. 학교에서 교육을 받은 아이들은 서서히 변화되었다. 미움만 가득한 마음에 미소가 번졌고, 꿈이 자라고 희망이 싹트기 시작했다.

아이들은 총 대신 책과 악기를 들었다. 메말랐던 눈물도 되찾아 주었다. 그들 중에는 우리나라에서 의료 기술을 배운 사람도 있다. 이태석 신부처럼 가난하고 어려운 사람을 돕기 위해서다.

이태석 신부는 아무도 알아주지 않는 아프리카 작은 마을 톤즈에서 사랑의 마음을 실천했다. 메마른 마음에 희망의 씨앗을 뿌리고, 총 대신 책을 들게 했다. 눈물 한 방울도 흘리지 않던 그들의 눈에 눈물을 되찾아 주었다. 서로 아끼고 사랑하는 마음을 품게 했다. 전기와 물 어느 것 하나 풍족한 것이 없었다. 그러나 이태석 신부는 오히려 행복하다고 말했다. 사랑의 마음을 나누는 것에서 희망과 행복이 싹튼다고 이야기한 것이다.

"내가 가진 것이 너무 많다는 것을 이 아이들이 제게 가르쳐 줍니다. 그

래서 이 아이들의 눈빛만 보면 부끄러워지나 봅니다. 가진 것이 너무 많은 것만 같아 미안해지나 봅니다. (……) 나누면서도 제가 더 풍요로워짐을 느낍니다. 제 것을 나눠 주었는데도 아무것도 줄어들지 않고 자꾸만 자꾸만 나눌 것이 더 많이 생겨나는 것 같습니다. 나눔은 참 신기한 요술 항아리입니다. 게다가 제 마음에 기쁨과 행복까지 선물로 주니 아무래도 이 나눔은 삶을 행복으로 이끄는 비밀열쇠인 것만 같습니다.”

《젊은 베르테르의 슬픔》을 쓴 독일의 대문호도 사랑의 중요성을 시로 승화해 이렇게 표현했다.

우리는 어디서 태어났는가.
사랑에서.

우리는 어떻게 멸망하는가.
사랑이 없으면.

우리는 무엇으로 자기를 극복하는가.
사랑에 의해서.

우리를 울리는 것은 무엇인가.
사랑.

우리를 항상 결합시키는 것은 무엇인가.

사랑.

대문호답게 괴테는 인간의 본성을 꿰뚫었다. 이 세상의 근원이 곧 사랑이라는 것을 그는 간파했다. 사랑이 없이는 어떤 것도 이룰 수 없고 희망도 없다는 말이다. 천재 작곡가 모차르트도 같은 말을 했다.

"가슴이 없는 천재라는 것은 난센스다. 천재란 위대한 지성이나 탁월한 상상력, 심지어 이 두 가지를 합쳐도 절대 이루어지지 않는다. 천재를 만드는 것은 오직 사랑, 사랑, 사랑뿐."

두 천사가 세상에서 희망을 찾으려고 돌아다녔다. 정치계, 교육계, 경제계 등 어느 곳을 돌아다녀도 희망을 찾아 볼 수 없었다. 모두들 자신의 이익을 위해서라면 수단과 방법을 가리지 않는 것을 보았기 때문이다. 두 천사는 희망이 없다고 생각하고 버스를 타고 다른 곳으로 이동하려 했다.

그런데 흰 눈을 맞으며 황급히 버스를 타는 아주머니를 보았다. 그 여인의 손에는 무의탁 노인들에게 줄 도시락이 들려 있었다. 어떤 청년은 아무런 연고도 없는 사람을 위해 자신의 장기를 기증하겠다는 서약서를 쓰고 있었다. 어느 상점 주인은 눈길에 사람들이 미끄러질까봐 가게 앞을 쓸다가 동네 끝까지 쓸고 있었다.

두 천사는 이 땅이 희망이 없는 곳이라고 생각했다. 하지만 아무도 보는 이가 없는데도 불구하고 묵묵히 이웃을 위해 사랑을 실천하는 이들을 보았다. 그들의 마음에서 희망의 싹을 발견한 것이다.

세상을 바꾸는 것은 똑똑하고 잘난 사람이 아니다. 정말로 세상을 좋은 쪽으로 변화시키는 사람은 사랑의 마음을 품고 묵묵히 삶 속에서 실천하며 사는 사람들이다. 그들 때문에 세상은 아직도 희망이 있고 좋은 쪽으로 바뀌고 있다. 앞으로 꿈을 이루고 소망이 있는 삶을 살려면 반드시 사랑의 마음을 품어야 한다. 사랑의 마음에서 희망이라는 연기가 피어오른다.

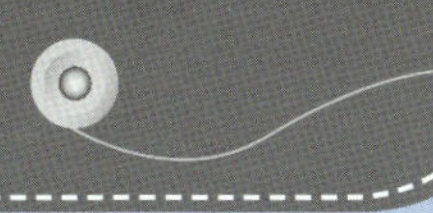

전국(戰國) 시대 맹자(孟子)에게 제나라의
공손추라는 제자가 있었다. 어느 날, 공손추가 맹자에게 물었다.

"선생님께서 제나라의 재상이 되셔서 도를 행하신다면 분명 제나라를 천하의 패자로 만들 수 있을 것입니다. 그런 생각을 하시면 선생님께서도 마음이 움직이시겠지요?"

공손추의 말에 맹자가 조용히 대답했다.

"나는 마흔 이후에는 마음이 움직인 적이 없단다."

그 말에 공손추가 재빨리 물었다.

"마음을 움직이지 않게 하는 방법이 무엇입니까?"

맹자는 이렇게 대답했다.

"그것은 용(勇)이다. 자신의 마음속에 부끄러운 것이 없으면 아무것도 두려울 게 없고, 이것이 대용(大勇)으로서 마음을 움직이지 않게 하는 최상의 수단이니라. 또한 나는 호연지기를 기르고 있다."

"호연지기가 무엇입니까?"

"호연지기는 지극히 크고 굳센 기운이다. 그것을 곧게 길러서 해(害)되게 하지 않는다면, 하늘과 땅 사이에 가득 차게 된다. 그 기운이 됨은 정의와 도(道)에 맞는 것으로 이 기운이 없으면 굶주리게 된다. 이 기운은 안에 있는 옳음이 모여서 생겨나는 것으로, 밖에서 옳음이 들어와 취해지는 것이 아니다. 행동하여 마음에 만족스럽지 못한 것이 있으면, 곧 굶주리게 되는 것이다."

맹자는 대용(大勇)의 정신을 일깨워 용(勇)의 과감한 결단력과 기(氣)의 마음에서 우러나오는 기세, 의(義)의 옳고 바른 마음으로 비굴하거나 부끄러움 없는 도덕적 용기를 가지라는 의미로 이야기했다. 이것이 너그럽고, 크고, 당당함을 갖는 호연지기(浩然之氣)다.

자신뿐만 아니라 친구와 이웃 모두가 행복한 삶을 살기 위해서는 정의(正義)가 바로 서야 한다. 정의가 바로 서야 공정한 사회가 된다. 차별 없이 누구에게나 동등한 기회가 주어져야 희망이 있다. 그런 사회가 정착되어야 희망이 솟아나고 꿈을 품고 나아갈 수 있다.

정의가 바로 서기 위해서 개개인에게 필요한 덕목은 정직이다. 스스로가 비굴하거나 부끄러움 없이 행동한다면 정의는 바로 서게 되어 있다. 영국 격언(格言)에 "하루만 행복하려면 이발소에 가서 머리를 깎아라. 1주일만 행복해지고 싶거든 결혼을 하라. 1개월 정도라면 말을 사고, 1년이라면 새 집을 지어라. 그런데 평생토록 행복하기를 원한다면 정직한 인간이 되라"라는 말이 있다.

정직하면 어느 누구에게나 당당하다. 스스로 위축되지 않으니 무슨 일을 해도 용기를 가지고 나아갈 수 있다. 또한 자신이 가진 능력을 과감히 펼쳐가게 된다.

미켈란젤로가 시스티나 성당의 천장벽화를 그릴 때였다. 그는 무려 폭이 41미터 폭이 13.4미터가 되는 넓은 공간에 그림을 그렸다. 누운 채로 장장 5년여를 투자해 인물 하나하나를 정성 들여 그렸다. 그 모습을 지켜보던 친구가 다가와 이렇게 물었다.

"여보게, 그렇게 구석진 곳에 잘 보이지도 않는 인물을 그려 넣으려고 그 고생을 한단 말인가? 그게 완벽하게 그려졌는지 누가 알 수 있단 말인가?"

미켈란젤로가 말했다.

"내가 알지."

미켈란젤로는 넓고도 높은 천장, 그것도 작은 구석에 인물 하나를 그리는 데도 정성을 들였다. 대충 그려 넣어도 아무도 모를 크기였다. 하지만 미켈란젤로는 누가 보든 안 보든 스스로에게 정직

하게 행동했다. 정직한 성품으로 그려낸 그의 작품은 후대에 길이 남는 명작이 되었다.

미국 16대 대통령 링컨의 청년시절 별명은 '정직한 에이브'였다. 항상 정직하게 행동하는 모습을 보고 주변 사람들이 붙여준 별칭이었다.

그가 22세 때 잡화상으로 일할 때의 일이었다. 어느 날, 저녁 장사를 마치고 수입을 결산하는데 6센트가 남았다. 곰곰이 생각해 보니 낮에 앤디 할머니에게 거스름돈을 잘못 계산해 준 것이 떠올랐다. 가게 문을 닫은 후 링컨은 멀리 떨어진 앤디 할머니를 찾아갔다. 그리고 거스름돈 6센트를 돌려주었다.

앤디 할머니는 링컨을 보고 깜짝 놀라 이렇게 말했다.

"이보게 청년! 이 6센트 때문에 이렇게 밤늦은 시간에 그 먼 길을 왔단 말인가?"

앤디 할머니 말에 링컨은 망설임 없이 대답했다.

"6센트가 아니라 1센트라도 당연히 와서 돌려드려야지요."

"그래도 그렇지. 다음에 내가 가게에 들르면 그때 줘도 될 것 아닌가?"

"아닙니다. 오늘 잘못은 오늘 바로잡아야지요."

"자네는 정말 소문대로 정직한 청년이로군! 자네는 이다음에 반드시 큰 인물이 될 걸세."

이 일은 링컨의 정직한 성품이 그대로 드러난 행동이었다. 그 후로도 링컨은 어떤 상황에서도 정직하게 행동하려 힘쓰며 이렇게 말했다.

"당신은 모든 사람을 잠시 동안 속일 수는 있다. 그리고 어떤 사람들은 항상 속일 수는 있다. 그러나 모든 사람을 항상 속일 수는 없다."

부패가 만연하고 정의가 실종된 사회라고 한탄하는 사람이 많다. 정부 고위 공직자를 세울 때면 흠 없는 사람을 찾기 힘들 정도다. 분명 실력이 출중해 나라를 위해 헌신할 수 있는 인물임에도 정직하지 못했던 과거 때문에 낙마한 사람이 부지기수다. 청소년 시기에 단 한 순간만 넘어가면 그뿐이라고 생각할지 모르지만 언젠가는 드러나게 마련이다. 그래서 청소년 시기부터 정직하게 행동하는 법을 배우고 익혀야 한다.

정직하게 행동하기 위해서는 어떻게 해야 할까. 첫째는 '누구나다 하는 행동이니까'라고 넘어가서는 안 된다. 어른들도, 친구들도 다 그렇게 사는데 나만 바보처럼 정직하게 굴면 손해본다고 생각할 때가 가장 위험하다. 그럴 때 정직한 마음을 유지하기 힘들게 된다.

둘째는 '이 정도는 괜찮겠지' 하는 안일한 마음을 버려야 한다. 작은 불씨 하나가 거대한 산을 태우는 법이다. 아주 사소한 것부터 정직하게 생각하고 임해야 커다란 유혹도 뿌리칠 수 있다. 설마 하며 대수롭지 않게 여긴 일이 큰일을 불러온다.

셋째는 '이번 한 번만'을 넘어서야 한다. 딱 한 번만 눈감으면 된다고 생각하면 오산이다. 딱 한 번이 두 번이 되고 세 번이 된다. 그러다보면 돌이킬 수 없는 자리로 들어서게 된다. 어떤 일이든 '한 번'에서 시작된다는 것을 기억해야 한다.

EBS '다큐프라임-아이의 사생활'에서 한 가지 실험을 진행했다. 아무도 보지 않는 상태에서 정직하게 행동하는 아이들과 양심을 속이는 아이들을 관찰했다. 그리고 두 그룹으로 나누어 여러 가지 실험을 했다. 그런데 도덕성이 높은 상위 30퍼센트 아이들은 모든 면에서 뛰어난 능력을 나타냈다. 집중력이 다른 아이들에 비해 뛰어났다. 친구관계도 좋았다. 화를 이기는 능력도 뛰어나 쉽게 화를 내지도 않았다. 반면 도덕성이 낮은 아이들은 모든 면에서 낮은 점수를 보였고, 특히 왕따 가해 경험이나 피해 경험도 월등히 높았다.

　이것은 정직하게 살면 손해본다는 고정관념을 깨뜨리는 결과였다. 결국 정직하게 사는 것이 곧 경쟁력이라는 것을 증명해 준 실험이었다. 호연지기의 마음으로 나아가는 길, 이것이 자신뿐 아니라 모두를 위한 성공이라는 것을 잊지 말아야 한다. 도덕적 용기로 삶을 당당하게 주도하라. 그럴 때 어느 누구에게도 떳떳한 꿈을 성취할 수 있다.

군계일학

群　鷄　一　鶴
무리 군　닭 계　한 일　학 학

닭의 무리 속에 한 마리 학이란 뜻으로,
평범한 사람들 가운데 뛰어난 인물이
있다는 것을 의미하는 말.

　　　　중국 위진(魏晉) 시대에는 어지러운 세상을 등지고 산속으로 들어가 문학과 사상을 즐기며 살던 선비들이 많았다. 그 대표적인 인물이 '죽림칠현(竹林七賢)'이라 불리는 일곱 선비다.

　그 가운데 '혜강'은 문학적 재능이 아주 뛰어났다. 그에게는 '혜소'라는 열 살 된 아들이 있었다. 그런데 혜강은 누명을 쓰고 죽음을 당하고 만다.

　혜소는 어려운 환경 속에서도 열심히 학문(學問)을 익혔다. 그러나 아버지 때문에 벼슬을 할 수 없는 처지였다. 그 모습을 본 죽림칠현의 한 사람이었던 산도는 진나라 황제에게 간청했다.

"부모의 죄는 자식에게 이어지지 않는다고 했습니다. 혜소는 비록 혜강의 아들이지만 지혜가 매우 뛰어나니 그에게 벼슬을 내려 주십시오."

황제는 산도의 말을 듣고 가만히 생각하다 이렇게 말했다.

"그대가 추천하는 인물이라면 내 믿고 벼슬을 내리겠소."

그리하여 혜소는 관직을 받고 궁으로 향하게 되었다. 혜소는 많은 사람 사이에 섞여 있었지만 당당한 모습이 단연 눈에 띄었다. 그 모습을 지켜보던 왕융의 제자가 왕융에게 달려가 말했다.

왕융도 죽림칠현의 한 사람으로 혜강과 절친한 사이였다.

"어제 구름 같이 많은 사람 사이에 궁으로 들어가는 혜소를 보았습니다. 그런데 그의 몸가짐이 어찌나 단정하고 돋보이던지 닭 무리 속에 있는 한 마리 학과 같았습니다."

그러자 왕융이 크게 웃으며 대답했다.

"혜소의 아버지는 그보다 더 뛰어났다네."

혜소는 아버지 혜강만큼은 아니지만 황제 곁에서 올바르게 살다가 황제의 목숨을 구하고 세상을 떠났다. 이때부터 군계일학(群鷄一鶴)은 수많은 사람 가운데 돋보이는 뛰어난 한 사람을 의미하는 말로 쓰이게 되었다.

"꿈을 꾸고 준비하여 영향력을 발휘하라!"라는 말이 있다. 이것

은 꿈을 품고 꿈을 이루기 위한 실력을 겸비하여 목표를 이룬 다음
에는 영향력을 발휘하는 삶을 살라는 의미다. 영향력이란 자신의
말과 행동, 모습을 통해 다른 사람을 변화시키는 능력을 말한다. 마
치 호수에 돌을 던지면 물결이 일어 끝없이 퍼져나가는 것과 같다.
자신의 모든 면으로 다른 이들의 삶에 물결이 일게 하는 것이다.

공부도 영향력 있는 사람이 되기 위한 목적으로 해야 한다. 반드
시 영향력 있는 사람이 되어서 주변을 변혁시키는 사람이 되어야
한다. 자신이 어떤 위치와 직업을 갖든지 간에 영향력을 발휘하는
사람으로 성장하겠다는 의지가 청소년 시기부터 명확히 설정되어
야 한다. 그 영향력으로 세상을 좋은 쪽으로 변화시켜야겠다는 의
지도 동반되어야 한다. 영향력이 나만이 아닌 모두를 위한 꿈을 성
취하는 데 없어서는 안 될 덕목이기 때문이다.

《꿈꾸는 다락방》을 쓴 저자 이지성. 그는 한때 많은 빚에 시달리
며 힘든 생활을 했다. 하지만 치열하게 책을 읽고 글을 쓰며 베스
트셀러 작가로 거듭났다. 이지성은 주로 자기계발과 관련된 책을
쓴다. 자기계발 책이 사회를 바꾸는 효과적인 무기가 될 수 있다는
생각 때문이다.

그는 《리딩으로 리드하라》를 통해 인문고전 독서의 중요성을 이
야기했다. 어떤 처지에 있든지 독서를 통해 성공적인 삶으로 변화
가 가능하다는 것이다. 그는 책으로만 독서의 중요성을 이야기하
지 않는다. 직접 저소득층 아이들에게 인문고전 독서 노하우를 가

르치고 있다. 자신처럼 독서를 통해
가난을 극복하고 꿈을 품고 성장하
도록 돕기 위해서다.

이지성은 가난 때문에 힘들게 사
는 아시아인들을 돕기 위해 발 벗고
나서고 있다. 2012년에는 '10년 안
에 아시아 저개발 국가 및 아프리카
에 학교, 병원 100개 짓기 프로젝트'
를 추진했다. 책 판매를 통해 얻은
수익금으로 이들을 돕는 것이다. 이
지성의 도움으로 삶의 변화를 일으
킨 멘티들도 이지성의 일에 동참하
고 있다. 그들도 '우물 100개 파기
프로젝트'를 설정하고 어렵게 사는
나라를 찾아가 돕고 있다. 그런데 그
는 생각처럼 도움의 손길이 이어지
지 않는 안타까움을《내 인생의 후회
가 되는 한 가지》라는 책을 통해 이
렇게 말한다.

"사람들은 왜 나의 말에 귀를 기
울이지 않는 걸까? 이유는 간단하

다. 내게 사회적 영향력이 없기 때문이다. 나는 여러 번 보았다. 나와는 비교도 할 수 없는 사회적 영향력을 가진 사람들이 단지 표정하나로 또는 말 한마디로 어마어마한 후원을 이끌어 내는 광경을. 그래서 나는 후회한다. 지난 세월 좀 더 치열하게 살지 못했음을. 내가 만일 열 배 더 치열하게 살았더라면 나는 지금보다 열 배 많은 영향력을 갖게 되었을 테고 열배 많은 아이들을 도울 수 있었을 것이라고 믿기 때문이다.”

영향력 부족으로 후원을 이끌어 내지 못한 것을 그는 자신의 탓으로 돌린다. 그러면서 오늘도 영향력 있는 삶을 위해 노력하며 살고 있다.

빌 게이츠의 기부는 이미 알려진 지 오래다. 하지만 얼마 전(2013년 1월) 그의 통 큰 기부는 한 번 더 세계를 놀라게 했다. 빌게이츠는 아내와 세운 ‘빌&멀린다 게이츠 재단’을 통해 6년 동안 18억 달러(약 2조 원)를 소아마비 퇴치에 사용하겠다고 밝혔다. 아이들에게 소아마비 백신을 세 번만 투여하면 질병이 확산되지 않고 발병률이 제로가 될 것이라는 기대를 품고 기부 결정을 내렸다. 그는 이전부터 에이즈 퇴치를 위해 동분서주해 왔다. 특별히 소외되고 관심을 받지 못한 지역을 조용히 찾아다니며 도움을 주었다. 자신의 행위를 굳이 밝히려 하지 않고 말없이 나눔의 삶을 산 것이다.

빌 게이츠의 영향력은 투자의 귀재 워렌 버핏의 마음을 움직였다. 워렌 버핏은 자신의 재산의 상당부분을 '빌&멀린다 게이츠 재단'에 기부했다. 빌게이츠가 하는 좋은 일에 동참한 것이다.

가수 김장훈의 삶도 사람들에게 큰 영향력을 끼치고 있다. 김장훈은 '기부천사'로 유명하다. 그만큼 도움이 필요한 사람들에게 아낌없이 베풀기 때문이다. 특히 독도가 우리 땅이라는 것을 자신의 돈을 들여 세계에 널리 알리고 있다. 김장훈이 물꼬를 트자 많은 연예인들도 기부를 하고 있다. 이제는 기부가 하나의 문화로 자리 잡게 된 것이다.

청소년들도 생활 속에서 군계일학의 모습을 갖추어야 한다. 잘난 체하고 뽐내는 것이 아니라 주변을 좋은 모습으로 바꾸어 가는 데 그것을 활용해야 한다. 그런 꿈을 어려서부터 품고 나가야 한다. 공부하는 목적이 영향력을 발하는 삶이 되어야 하는 것이다. 이 글을 읽는 모두가 '꿈을 꾸고 꿈을 이루고 꿈을 나누는 삶'을 살기 위한 꿈을 품도록 하자. 그럴 때 나뿐만 아니라 이웃과 나라, 온 세계가 행복한 삶을 살 수 있다.

제6장

좋은 것과 중요한 것 그리고 먼저 할 것을 구별하라

유비가 조조의 공격을 받고 쫓기다 유표 집에서 신세를 지게 되었을 때의 일이다. 유비는 무려 4년여 세월을 유표 집에서 숨어 지내야 했다.

어느 날, 유비는 유표가 베푼 잔치에 참석하게 되었다. 한참 기분 좋게 음식을 먹다 소변이 마려웠던 유비는 조용히 뒷간으로 갔다. 그러다 자기 허벅지에 군살이 두둑이 쪄 있는 것을 발견했다.

'고향을 떠날 때는 어지러운 세상을 건지겠다고 맹세했는데 4년을 허송세월로 보내고 있다니……'

자신의 신세를 생각하자 갑자기 눈물이 주르르 흘러내렸다.

유비는 눈물을 닦고 자리로 돌아갔다. 유표는 유비의 눈가가 촉촉해진 것을 보았다. 유표가 걱정스런 마음으로 눈물을 흘린 이유를 묻자 유비가 이렇게 말했다.

"저는 언제나 말을 타고 단련을 해서 허벅지에 군살이 붙을 겨를이 없었습니다. 그런데 오늘 보니 오랫동안 말을 타지 않아 군살이 올랐지 뭡니까. 어지러운 세상을 건지겠다고 했는데 아무것도 하지 못하고 세월만 보낸 것 같아 슬퍼서 눈물을 좀 흘렸습니다."

그 사건이 있은 후부터 유비는 다시 훈련에 임했다. 그리고 천하를 호령하는 명장이 되었다.

꿈을 이루는 데 가장 무서운 적은 게으름이다. 게으름에 사로잡혀 있으면 원하는 삶의 목표를 성취할 수 없다. 그래서 청소년들이 꿈을 이뤄가기 위해 반드시 게으름을 물리쳐야 한다.

게으름이란 꼭 해야 할 일을 하지 않고 나태하고 의욕 없이 행동하는 모습을 말한다. 게으른 사람들에게 공통적으로 나타나는 특징이 있다. 미루기, 꾸물거리기, 변명과 핑계 대기, 남 탓하기, 책임 떠넘기기, 자기 합리화, 부산함이다. 부산함은 해야 할 일이 닥쳤을 때 서두르는 것을 말한다. 미리미리 준비하지 않고 나태하게 있다가 마감 시한이 임박했을 때 동분서주하는 것이다.

게으름으로 인한 결과는 매우 참혹하다. 게으름에 빠져 있다 보면 결정적인 순간에 자포자기하고 만다. 의욕 상실로 어느 것 하나

열정을 가지고 도전하지 못한다. 모든 일에 나른하고 피곤해하며 움직이기 싫어한다. 결국 원하는 삶의 목표를 성취하지 못하게 된다.

미국 남서부의 한 어촌에서 어느 날 갈매기가 떼죽음을 당했다. 그 어촌은 바다에서 물고기를 잡아 통조림을 만들어 팔아 생계를 이어가는 곳이었다. 먹는 음식을 제조하는 곳이어서 무엇보다 위생 상태가 중요했다. 그런데 이유를 알 수 없는 갈매기의 떼죽음은 엄청난 충격이었다. 만약 갈매기들이 오염된 바다에서 자란 물고기를 잡아먹고 죽은 것이라면 더 심각한 문제가 발생할 것이 분명했다.

마을 사람들은 전문가를 불러 원인 규명에 나섰다. 전문가들은 갖가지 방법을 동원했지만 직접적인 원인은 찾지 못했다. 다만 갈매기의 죽음이 바닷물 오염 때문이 아니라는 사실은 확인할 수 있었다. 조사 후에도 갈매기의 죽음은 계속 이어졌다. 이때 한 학자가 포기하지 않고 이 문제를 집중적으로 연구했다. 그리고 문제의 원인을 밝혀냈다.

이 마을에서는 지금까지 물고기의 몸통은 통조림으로 가공하고 머리와 쓸데없는 부분은 바다에 버렸다. 갈매기들은 그들이 버린 것들을 배부르게 먹으며 편하게 살았다. 그런데 어느 날부터인가 머리와 다른 부위의 먹잇감이 감쪽같이 보이지 않았다. 마을 사람들이 머리와 다른 부위가 가축 사료로 쓰인다는 것을 알았기 때문이다. 그때부터 갈매기들이 떼죽음을 당하기 시작한 것이다.

갈매기들은 마을에서 버린 물고기로 쉽게 배를 채우는 동안 물고기 잡는 본능을 잃어버렸다. 먹잇감이 사라졌지만 갈매기들은 스스로 사냥을 하지 않았다. 마을 사람들이 주는 먹이만 기다렸던 것이다. 결국 갈매기의 죽음의 원인은 게으름이었다. 자신의 삶의 목표를 잊고 움직이기 싫어하다가 목숨을 잃었다.

옛날에 게으르기로 소문난 농부가 있었다. 집안사람들 모두 밭으로 일하러 갔지만 게으른 농부는 집에 남아 하루 종일 빈둥거리며 시간을 보냈다.

나른한 오후, 게으른 농부는 마루에 누워 낮잠을 자고 있었다. 그런데 이상한 소리가 들렸다. 가만히 눈을 떠 보니 도둑이 담을 넘다 벽돌을 떨어뜨려 난 소리였다. 환한 대낮인데도 간 큰 도둑이 담을 넘어 오는 것이었다. 그 모습을 본 농부는 이렇게 말하고 다시 잠이 들었다.

"저놈, 담장 넘어 마당으로 들어오기만 해 봐라."

잠시 후 다시 '쿵' 하는 소리가 들렸다. 힘겹게 눈을 떠 보니 도둑이 담을 넘어 마당으로 떨어진 소리였다. 도둑은 살금살금 마당을 가로질러 걸어오고 있었다. 하지만 농부는 다시 눈을 감으며 이렇게 중얼거렸다.

"집 안으로 들어오기만 해 봐라."

농부가 깊이 잠든 줄로 안 도둑은 안방으로 발걸음을 옮겼다. 하지만 농부는 가만히 누워 속으로만 이렇게 중얼거렸다.

"저놈이 안방으로 들어가네. 뭘 가지고 나오기만 해 봐라."

얼마 후, 도둑은 안방에서 값나가는 물건을 한 보따리 짊어지고 대문 쪽으로 걸어 나갔다. 게으른 농부는 도둑의 뒷모습을 보며 잠꼬대처럼 다시 중얼거렸다.

"이놈. 다시 오기만 해 봐라."

《몰입의 기술》로 유명한 미하이 칙센트미하이는 "게으름이란 천성이 아니라 목표와 관계를 잃을 때 나타나는 상태이다"라고 했다. 게으름은 타고난 천성이 아니라 뚜렷한 목표가 없어서 생긴 것이다. 게으름을 악보에 비유하면, 게으른 사람의 인생 악보에는 온통 쉼표만 가득한 것과 같다. 목표를 이루며 살아가는 사람의 인생 악보는 음표가 가득하다. 그래서 게으른 사람은 한가롭게 인생을 살 수 있지만 아름다운 멜로디는 없다. 반면 성실한 사람은 조금은 힘들어도 아름다운 선율이 흐르는 노래가 있는 것이다.

인생의 악보에 아름다운 노래가 들리게 하려면 뚜렷한 꿈과 목표가 있어야 한다. 꿈이 없으면 목표를 세울 수 없다. 목표가 없으면 열정을 다해 노력할 수 없다. 여기서 말하는 목표는 열정을 쏟아부어 매진할 수 있는 목표를 말한다. 맹목적으로 삶의 목표를 세워 놓고 단지 그 자체만을 원한다면 그것은 한낱 희망사항에 불과하다. 그러므로 반드시 꿈과 비전을 찾고 장기적인 목적 아래 단기적인 목표를 설정하고 한 달, 일주일 단위로 계획을 세워야 한다. 그 계획을 바탕으로 오늘 하루 목표를 세우고 실천하다 보면 게으름은 연기처럼 사라져 버린다. 보람 있는 일은 하지 않고 헛되이 세월만 보내는 비육지탄(髀肉之嘆)의 모습으로 살고 있는지 점검이 필요하다. 게으름을 이기지 못하면 꿈은 언제나 꿈으로 남을 뿐이다.

후한 시대에 왕의 외척(外戚)인 양익과 불의 형제가 있었다. 이들은 매형인 왕의 권세만 믿고 나쁜 짓을 일삼기 일쑤였다. 이를 보다못한 장강은 양익과 불의를 처벌해야 한다는 15개 조항의 상소문을 올렸다.

이 때문에 장강은 양익 형제의 미움을 사서 광릉군 태수로 쫓겨났다. 광릉군은 어느 누구도 가지 않으려는 한직(閑職)이었다. 장영이라는 사람이 이끄는 도적 떼의 소굴이 있었기 때문이다.

장강은 광릉군에 부임하자마자 혼자 몸으로 도적 떼의 소굴로 찾아갔다. 죽음을 무릅쓰고 장영을 설득해 보려는 의도였다. 장영은 장강의 용기에 탄복해 그를 만나 주었다. 장강은 진심 어린 마음으로 장영에게 도적질을 그만두고 새사람이 되라고 설득했다.

장강의 말에 깊은 감명을 받은 장영은 울면서 이렇게 말했다.

"벼슬아치들의 가혹한 처사에 못 이겨 모두 도적이 되고 말았습니다. 지금 이렇게 목숨이 붙어 있지만 마치 솥 안에서 헤엄치는 물고기와 같은 꼴이니 결코 오래갈 수는 없을 것입니다."

장영이 마음을 바꾸자 만여 명의 도적들이 모두 항복했다. 장강은 그들을 처벌하는 대신 큰 잔치를 베풀고 위로해 주었다. 그리고 그들을 모두 풀어 주었다.

꿈을 이뤄 가기 위해서는 지혜로운 사람이 되어야 한다. 지혜는 지식을 활용하는 능력이다. 지혜는 앎에서 나와 행함으로 이어지는 것이다. 머릿속에 제아무리 많은 지식이 들어 있어도 활용하는 능력이 없으면 무용지물이 된다.

지혜로운 사람이 되려면 분별력이 있어야 한다. 분별력이란 좋은 것과 중요한 것 그리고 먼저 해야 할 것을 아는 것이다. 일의 우선순위를 판단하는 기준이 분별력으로, 꼭 해야 할 것과 하지 말아야 할 것을 나눌 수 있는 능력이다. 청소년 시기에 분별력을 제대로 갖추어야 원하는 목표를 이룰 수 있다.

미래창조과학부가 발표한 '2012년 인터넷 중독 실태조사'에서 청소년의 스마트폰 중독률이 18.4퍼센트로 나타났다. 10명 중 2명이 스마트폰에 중독되어 있다는 것이다. 청소년 시기에 스마트폰 사용에 대한 자제력을 갖추지 못하면 집중력, 사회성, 충동 조절 능력 등에서 문제를 일으킬 수 있다. 스마트폰은 친구들과 좋은 관계를 맺는 데는 기여하지만 나쁜 영향을 주는 요소도 많다. 그래서 스마트폰을 다루는 분별력이 요구된다. 스마트폰을 해야 할 때와 하지 말아야 할 때, 봐야 할 것과 보면 안 되는 것들을 미리 점검하고 지켜나가도록 힘써야 한다. 별것 아니라고 무시하다가는 낭패를 당하기 쉽다.

어느 산골 마을에 매일 마을 밖까지 물을 길어 나르는 청년이 있었다. 그 모습을 지켜보던 사람이 청년에게 물었다.

"여보게, 왜 굳이 마을 밖까지 물을 뜨러 다니는가? 마당에 우물을 파면 되지 않겠는가?"

그러자 청년은 귀찮다는 듯이 대답했다.

"제가 지금 물을 뜨러 다니기도 바쁜데 우물 팔 시간이 어디 있겠습니까?"

대답하기 무섭게 청년은 물을 뜨러 우물을 향해 쏜살같이 달려갔다.

누가 보아도 청년의 행동은 어리석다. 마당에 우물을 파면 멀리까지 물을 길러 가지 않아도 되는데 청년은 당장은 물을 뜨러 가는 것이 급하다고 생각한 것이다.

이 청년은 분별력이 없다. 중요한 것과 먼저 해야 할 것을 구별하지 못한 것이다. 그러다보니 중요한 일보다 급한 일에 매달렸다.

청소년 중 중요한 것과 먼저 할 것을 구별하지 못하는 친구들이 많다. 공부할 시간이 없다고 투덜대지만 하루 일과를 살펴보면 덜 중요한 것에 시간을 쏟아붓는 경우가 많다. 효율적으로 시간관리가 되지 않는 것이다. 그래서 우선순위를 구별해 실천하는 것이 중요하다.

미국 최대 철강회사의 회장 찰스 슈왑은 업무가 너무 바빠 쓰러질 지경이었다. 혼자 힘으로 도저히 많은 업무량을 감당하지 못해 그는 유명한 컨설턴트 아이비 리에게 조언을 구했다. 비용은 얼마든지 지불할 것이니 일과 시간을 효율적으로 관리할 수 있는 방법을 가르쳐 달라고 했다. 아이비 리는 컨설팅을 진행하기 전에 한 가지 조건을 내걸었다. 어떤 일이 있어도 자신의 지시에 따라야

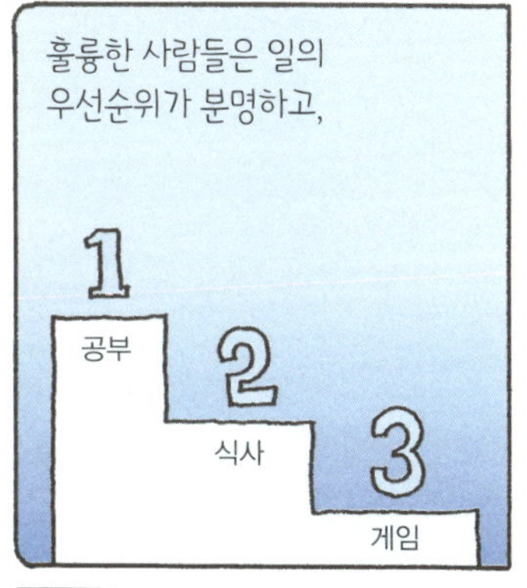

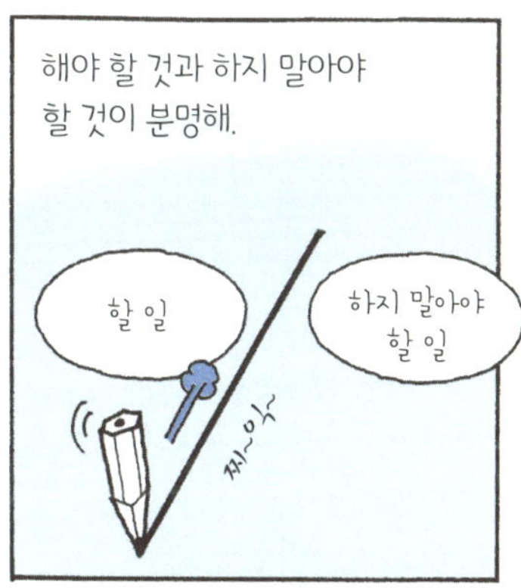

한다는 것이었다.

아이비 리는 찰스 슈왑에게 이렇게 말했다.

"저녁에 침대 옆에 깨끗한 종이 한 장과 펜을 준비하세요. 그리고 내일 해야 할 일들을 생각하는 대로 쭉 적으십시오. 더 이상 생각나지 않을 때까지 모두 적어야 합니다. 다 쓴 목록을 보며 가장 중요한 것 여섯 가지를 선정하십시오."

그 말을 들은 찰스 슈왑이 물었다.

"꼭 여섯 가지여야 되는가?"

아이비 리는 다시 조용히 말을 이어갔다.

"여섯 가지를 선정하라는 것은 중요한 것과 덜 중요한 것을 선별하는 작업을 회장님이 직접 하셔야 되기 때문입니다. 그리고 종이 한 장 차이라도 더 중요한 것을 순서대로 배열하십시오."

찰스 슈왑이 다시 물었다.

"그다음에는 어떻게 해야 되는가?"

"다음 날 출근한 후에 1번에 적어 놓은 일부터 시작하십시오. 단 1번 업무를 끝내기 전에 2번 업무를 시작하면 절대 안 됩니다. 1번 일이 하루 종일 걸리더라도 2번은 절대 손대면 안 됩니다. 꼭 1번을 끝내고 다음으로 넘어가야 됩니다. 이 순서를 꼭 지키셔야 됩니다."

찰스 슈왑은 그렇게 하는 것이 쉽지 않다는 것을 알았다. 하지만 아이비 리의 조언대로 우선순위를 정해 일을 해 보았다. 결과는 놀라웠다. 예전에는 얻을 수 없었던 효과와 생산성이 좋아진 것이다. 그는 감사의 표시로 아이비 리에게 무려 20만 달러를 지급했다. 당시가 1920년이었으므로 천문학적인 금액이었다.

현재 자신의 삶에서 급한 일과 중요한 일, 먼저 해야 할 것과 나중에 해야 할 것, 좋은 것과 덜 좋은 것이 무엇인지 알아야 한다. 그러기 위해서는 꿈을 다시 점검하고 삶의 목표를 치밀하게 세워야 한다. 명확한 꿈과 그것을 이루기 위한 구체적인 계획이 없으면 급한 일에 쫓겨 살 수밖에 없다. 또한 하지 말아야 할 일에 매달리게 되고 분별력을 제대로 발휘할 수 없다. 삶의 분별력이 없으면 솥에 갇힌 개구리처럼 자신의 미래를 장담할 수 없다. 온도가 서서히 올라가 급기야 물이 뜨거워져 죽음의 순간이 다가와도 눈치채지 못하게 되고 마는 것이다. 삶의 우선순위를 제대로 정립하는 것, 이것이 꿈을 이루어 가는 첫걸음이다.

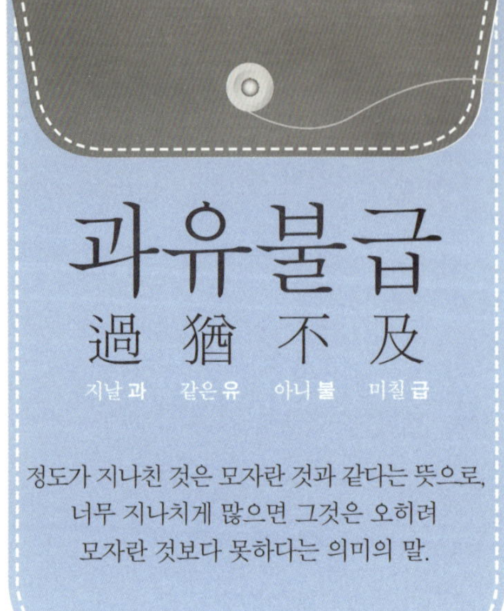

공자(孔子)의 제자 중 한 명인 자장(子張)이 어느 날 공자에게 다음과 같이 물었다.

"선비가 어떻게 하면 사물의 이치나 지식을 훤히 깨달아 알 수 있겠습니까?"

자장의 말에 공자는 조용히 되물었다.

"네가 말하는 사물의 이치를 깨닫는 것이란 어떤 것이냐?"

자장이 공자의 질문에 자신 있게 대답했다.

"왕을 섬겨도 반드시 그 이름이 높아지고, 큰 벼슬아치의 신하가 되어도 그 이름이 나는 것을 말합니다.”

공자는 자장의 지나침을 은근히 나무라며 이렇게 말했다.

“그것은 사물의 이치를 깨닫는 것이 아니니라. 사물의 이치를 깨닫는 것은 본성이 바르며 의를 좋아하고, 말과 얼굴빛으로 상대방의 마음을 알며, 신중히 생각하여 남에게 겸손하여야 한다. 또 왕을 섬기거나 벼슬아치의 신하가 되어도 그릇된 일을 하지 않는 사람이라야 하느니라.”

그리고 자장의 곁에 있던 자하(子夏)에게는 이렇게 타일렀다.

“선비는 자신을 수양해야 하는데 지식을 얻는 것에만 급급한 소인배는 되지 말도록 하라.”

그 모습을 보고 있던 또 다른 제자 자공이 다가와 물었다.

“스승님께서는 자장은 지나치고, 자하는 미치지 못한다고 하셨는데, 그렇다면 누가 더 나은 것입니까?”

자공의 말에 공자는 이렇게 대답했다.

“지나침은 미치지 못함과 같다. 그러니 누가 더 뛰어나고 그렇지 못하다고 말할 수 없느니라.”

공자는 지나치지도 모자라지도 않은 상태, 곧 어느 한쪽으로 치우침이 없는 균형을 말하는 것이었다.

오늘날 과유불급(過猶不及)은 정도를 벗어나지 않는 중용(中庸)이 중요하다는 뜻으로 사용된다.

너무 지나치지도 않고 모자라지도 않게 조절하는 능력을 절제

(節制)라고 한다. 절제는 자신을 다스리는 능력이다. 자기가 하고 싶은 대로, 생각나는 대로, 마음대로 하는 것이 아니다. 자신의 마음을 통제하고 말을 다스리고 행동을 가다듬는 것을 말한다.

살면서 아주 사소한 것이라도 무시하면 안 된다. 거대한 댐은 하루아침에 무너지지 않는다. 아주 작은 구멍이 거대한 물구멍을 만들고 그것 때문에 댐이 무너진다. 이렇듯 무심코 지나치는 조그마한 나쁜 것들이 생각이 되고 행동으로 이어지는 것이다. 그로 인해 운명이 좌지우지(左之右之)된다.

대한민국을 대표하는 축구선수 하면 박지성이 떠오른다. 박지성은 세계를 대표하는 리그에서 최고 선수들과 자웅(雌雄)을 겨룰 만큼 훌륭한 선수가 되었다. 박지성이 이렇게 세계적인 선수로 성장할 수 있었던 것은 절제를 생활 속에서 실천했기 때문이다.

박지성이 고등학교 축구선수 시절의 이야기다. 당시 학교 선수들은 감독과 코치의 감시망을 피해 집으로 돌아가는 길에 몰래 맥주 한 잔씩을 하며 어른 흉내를 냈다. 고된 훈련을 마치고 시원하게 들이킨 맥주는 속을 시원하게 해 주었다. 그러나 박지성의 마음 한쪽은 걱정이 가득했다. 부모님과 감독님이 운동을 하려면 맥주를 마셔서는 안 된다고 했기 때문이다.

박지성은 난감했다. 친구들이 다 마시는 맥주를 혼자만 마시지 않으면 따돌림을 당할 수 있었기 때문이다. 그러나 박지성은 세계적인 축구선수가 되기 위해서는 감독님이 하지 말라는 것은 하지 말아야 한다고 생각했다. 친구들이 여러 차례 맥주를 마시자고 권했지만 그때마다 그는 단호하게 거절했다. 친구들도 결의(決意)가 가득 찬 박지성을 어찌 할 수 없었다.

만약 박지성이 친구들의 권유에 모른 척하고 맥주를 들이켰다면 세계적인 선수로 성장하지 못했을 것이다.

칭기즈 칸은 기병 6만 5000명을 이끌고 유라시아 대륙을 점령했다. 유목민의 후예답게 기동력을 중요하게 여기고 기병으로만 병력을 구성했다. 그들은 빠르게 이동하기 위해 보급부대도 두지 않았다. 대신 간편한 식사를 하기 위해 육포와 젖을 말린 덩어리를 휴대했고 잠은 천막에서 잤다. 몽골군의 생명은 기동력이었다. 적이 제대로 대응하기 전에 기습과 교란전술로 일망타진(一網打盡)했다. 그렇게 대제국을 건설한 칭기

즈 칸은 제국이 영원하기를 바랐다. 자신이 세운 제국이 지속되었으면 하는 바람으로 후손들에게 그는 이렇게 경고했다.

"비단옷을 입고 벽돌집에 사는 날 제국은 멸망할 것이다."

그런데 안타깝게도 후대 지도자들은 이 충고를 지키지 못했다. 그들은 부와 권력 앞에서 절제하는 생활을 이어가지 못한 것이다. 몽골제국이 몰락의 길로 접어든 이유는 몽골족 특유의 수렵과 유목 생활을 버린 것 때문이다.

고대 중국의 어느 왕이 신하를 불러 이렇게 말했다.

"이제 나라가 잘 살게 되었다. 그런데 왜 식탁에는 상아젓가락이 오르지 않고 아직도 나무젓가락이 그대로 놓여 있는가?"

왕은 나라 살림이 좋아졌는데도 멋진 상아젓가락 대신 볼품없는 나무젓가락이 놓여 있는 것이 못마땅했던 것이다.

그 말을 들은 어진 신하는 몹시 근심하기 시작했다. 그리고 왕 앞에 자주 모습을 나타내지 않았다. 그 모습을 본 동료가 근심에 빠진 이유를 묻자 이렇게 대답했다.

"상아젓가락이 대수롭지 않은 것 같아도 그게 아니네. 상아젓가락을 장만하면 그 다음은 금 그릇이요. 그 다음은 산해진미요. 그 다음은 금상이요. 그 다음은 아방궁을 장만하려 할 것인데 그러면 백성들이 고통당할 것이 아닌가?"

어진 신하는 왕이 나무젓가락을 바꾸려는 것을 보고 그의 지나침을 걱정했다. 나무젓가락 하나를 바꾸기 시작하면 더 많은 것을 요구할 것이 불을 보듯 훤했다. 그러면 왕은 절제하지 못하고 나라는 엉망이 될 것이 분명했기 때문이다.

절제하는 마음을 품으려면 '딱 한 번만'이라는 생각을 넘어서야 한다. 사람들은 모두 하지 말아야 할 것이 무엇인지 안다. 청소년들도 공부에 방해가 되고 꿈을 이루는 데 방해되는 것이 무엇인지 분명히 알고 있다. 하지만 '이번 한 번만'으로 시작한 일은 '이번이 마지막이다'로 이어진다. 그렇게 한 번이 두 번이 되고, 두 번이 세 번으로 이어져 결국 절제하지 못하게 된다.

절제해야 되는 것이 있다면 딱 한 번만 참으면 된다. 보지 말아야 할 것이 있다면 딱 한 번을 안 보면 된다. 먹지 말아야 할 것이 있으면 첫 숟가락을 들지 않으면 된다. 하지 말아야 할 말이 있으면 입이 근질근질해도 딱 한 번만 참으면 된다. 그때부터 절제하는 태도가 생기기 시작한다.

어떤 학자는 절제를 자동차의 브레이크에 비유했다. 브레이크가 없는 자동차를 상상해 보라. 생각만으로도 끔찍하지 않은가. 삶 속에 절제의 능력이 없다면 브레이크 없는 자동차를 타고 질주하는 것과 같다. 꿈을 이루고 원하는 삶의 목표를 이루기 위해서는 모자라지도 넘치지도 않게 자기를 관리하는 절제의 미덕이 필요하다.

수주대토
守 株 待 兎
지킬 **수** 그루터기 **주** 기다릴 **대** 토끼 **토**

그루터기를 지켜보며 토끼를 기다린다는
뜻으로, 낡은 습관이 들어 있어
되지도 않을 일을 가만히 기다리는
어리석은 행동을 의미하는 말.

송(宋)나라 때 어느 농부가 있었다. 농부는 땀을 뻘뻘 흘리며 부지런히 밭을 갈고 있었다. 열심히 밭을 갈고 있을 때 갑자기 풀 속에서 토끼 한 마리가 튀어나왔다. 토끼는 농부를 발견하고 놀란 나머지 밭 가운데로 재빠르게 도망쳤다. 그러다 밭에 있는 그루터기에 그만 머리를 부딪쳐 죽고 말았다.

그 모습을 보고 있던 농부는 이런 생각이 들었다.

'열심히 일하지 않아도 되겠는데. 가만히 있어도 토끼가 저절로 와서 죽으니 말이야.'

농부는 그다음 날부터 농사를 짓지 않았다. 대신 그루터기 앞에 앉아 토끼가 나타나기만을 기다렸다. 그러나 그 후로 토끼는 다시 나타나지 않았다.

농부의 밭은 제대로 가꾸어지지 않아 농사를 지을 수 없는 쓸모없는 땅이 되었다. 그 농부는 송나라 사람들의 웃음거리만 되고 말았다. 이렇듯 낡은 습관 때문에 되지도 않을 일을 가만히 기다리는 어리석은 행동을 일컬어 수주대토(守株待兎)라고 한다.

'깨진 유리창의 법칙'이라는 것이 있다. 이 법칙은 깨진 유리창 하나를 방치해 두면 그 지점을 중심으로 범죄가 확산되기 시작한다는 것이다. 자동차 두 대를 나란히 뒷골목에 세워두고 한쪽 자동차의 유리창을 깨뜨리고 방치했다. 그랬더니 얼마 시간이 지나지도 않았는데 자동차 유리가 깨진 곳에는 도둑이 들어 바퀴까지 훔쳐가 버렸다. 이것은 사소한 유리창 하나라도 방치하면 큰 문제로 이어질 가능성이 높다는 사실을 보여 준다.

한 사람의 인생도 마찬가지다. 나쁜 습관을 아무렇지도 않게 방치하면 그 습관 때문에 계속 나쁜 버릇이 쌓인다. 그러다 결국에는 돌이킬 수 없는 길에 접어들고 만다. 반면 조그마한 것이라도 좋은 습관을 들이면 그것 때문에 꿈을 이룰 수 있게 된다. 그러므로 생활 속에서 아주 작은 것이라도 무시하거나 소홀히 여기면 안 된다.

자신은 마음만 먹으면 뭐든지 할 수 있다고 생각한 강아지가 있었다. 이 강아지에게는 대단한 꿈이 있었다. 그것은 혼자 몸으로 사막을 횡단하는 것이었다. 그 누구도 해내지 못한 것을 자신만은 꼭 이루고 싶었다.

강아지는 사막의 기후와 특징을 자세히 공부하고 만반의 준비를 했다. 사막에서 적응하기 쉬운 옷가지와 충분한 양식은 물론 식수까지 완벽하게 준비했다. 강아지는 친구들의 응원을 받으며 마침내 힘찬 포부를 가슴에 품고 사막을 향해 길을 떠났다.

그런데 사막을 향해 힘찬 발걸음을 내딛던 강아지는 사흘 만에 포기했다. 그리고 집으로 돌아오고 말았다. 가족과 친구들은 강아지를 이해하지 못했다. 건강에도 이상이 없고 식량도 충분했는데 돌아온 이유가 궁금했다. 친구들이 강아지에게 다가가 물었다.

"사막에 아무런 기상 이변도 없고 건강에도 이상이 없는데 무엇 때문에 돌아온 거야?"

그러자 강아지는 부끄러운 듯이 대답했다.

"그, 그게 뭐냐면……. 소변 때문에."

강아지가 다시 돌아온 이유는 소변 때문이었다. 소변을 볼 때 강아지에게는 독특한 습관이 있었다. 전봇대나 나무에 한쪽 다리를 올리고 볼일을 보는 습관이 있었다. 그런데 사막에는 전봇대와 나무가 없었다. 사흘 동안 강아지는 소변을 참다못해 다시 돌아오고만 것이다.

실패한 사람들은 평소 몸에 밴 사소한 습관 때문에 넘어진다. 꿈은 저절로 이루어지는 것이 아니라 좋은 습관이 뒷받침돼야 비로

소 이루어진다. 성공한 사람들을 보면 숱한 어려움 속에서도 성공을 향해 전진할 수 있는 좋은 습관이 자리 잡고 있는 것을 볼 수 있다.

박태환과 함께 베이징에서 금메달을 겨룬 수영 황제 마이클 펠프스가 있다. 그는 지금까지 획득한 메달 개수만 해도 셀 수 없을 정도로 많다. 그가 수영 황제로 탄생할 수 있었던 것은 아주 작은 습관 때문이다.

펠프스를 처음 발견한 밥 바우먼 코치는 단번에 그가 세계 챔피언이 될 재목이란 것을 알아보았다. 타고난 신체조건 때문이다. 하지만 신체조건에 비해 감정 기복이 심했다. 경기 전 감정을 컨트롤하지 못해 좋은 성적을 거두지 못했다. 그를 세계적인 선수로 성장시키기 위해서는 강한 정신력을 키워야 했다. 바우먼 코치는 이 문제를 해결하기 위해 비디오테이프 보기를 주문했다.

그는 펠프스에게 잠들기 전과 아침에 일어나자마자 꼭 비디오테이프를 보라고 했다. 비디오테이프는 실제로 존재하는 것이 아니었다. 머릿속으로 가상의 레이스를 펼치며 그 안에서 벌어지는 모든 느낌과 상황을 상상하게 하는 것이었다. 물살을 가르는 느낌, 수영장 분위기, 마음속으로 초 단위까지 정확히 측정할 수 있는 능력까지 상상으로 보게 했다.

그런 훈련이 익숙해지자 경기력이 놀랍게 향상되었다. 실전 경기에 임할 때면 바우먼 코치는 펠프스에게 "비디오를 준비하게"라는 말 한마디면 충분했다. 펠프스는 마음속에 있는 비디오를 켜기만 하면 온몸과 뇌가 경기에 임하는 모드로 바뀐 것이다. 그렇게 펠프스는 아주 작은 습관 하나로 세계적인 선수로 거듭났다.

청소년 시기에는 거창한 것을 습관으로 기르기는 힘들다. 대신 꿈을 이루는 데 꼭 필요한 세 가지 습관은 길러야 한다. 이것은 꿈을 이루는 데 가장 기본이 되는 습관이다.

첫째, 독서하는 습관을 길러야 한다. 성공한 사람들은 모두 독서습관이 잡혀 있었다. 독서 습관은 하루아침에 만들어지지 않는다. 어렸을 때부터 꾸준히 힘써야 독서습관이 잡힌다. 독서의 중요성을 투자의 귀재 워런 버핏은 이렇게 말했다.

"성공한 사람들은 결코 특별하지 않다. 단지 그들에게는 남다른 습관이 있을 뿐이다. 나는 아침에 일어나면 읽기부터 시작한다."

둘째, 메모하는 습관이 필요하다. 공부 잘하는 학생은 모두 메모를 잘한다. 뇌가 기억하는 것은 한계가 있다. 시간이 흐르면 반드시 잊히게 마련이다. 하지만 메모는 잊혔던 기억을 되살려 주는 역할을 한다. "기록은 기억을 지배한다"라는 말은 기록의 중요성을 대변한다.

셋째, 인사 잘하고 웃는 습관을 가져야 한다. 어른들은 "인사성 하나만 봐도 그 사람을 알 수 있다"고 말한다. 인사하는 태도에서 사람 됨됨이가 보이기 때문이다. 특히 웃으면서 인사하면 더 좋은 효과가 있다. '웃는 얼굴에 침도 못 뱉는다'는 속담처럼 웃으면 좋은 인상이 심어지고 좋은 관계를 맺을 수 있다. 부자가 되는 비결의 1순위가 인간관계라고 하는데 인간관계를 결정짓는 요소가 인사와 웃는 얼굴이다.

아무리 멋진 꿈이 있고 열정이 있어도 습관으로 이어지지 않으면 좋은 열매를 맺지 못한다. 아인슈타인도 습관의 중요성을 이렇게 말했다.

"과거에 했던 일을 그대로 하면서 더 나은 결과가 나오기를 바라는 행동을 미친 짓이라고 부른다."

이전과 똑같은 행동 대신 좋은 습관을 품으라는 아인슈타인의 말을 기억하라. 사소한 습관 하나가 여러분의 미래를 좌우한다.

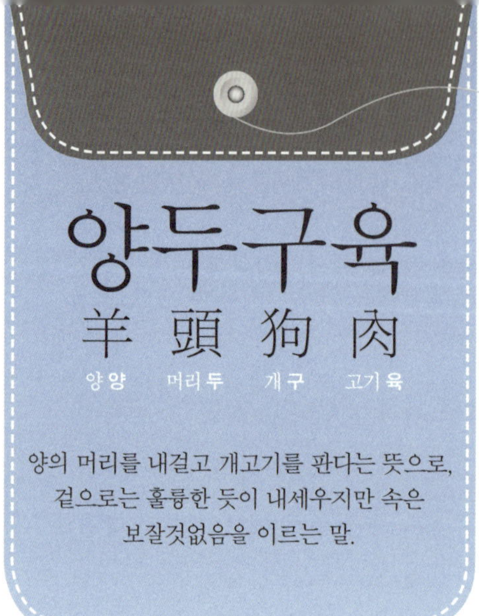

춘추(春秋) 시대 제나라의 왕 영공은 여자에게 남장을 하게 하고 그것을 감상하기를 좋아했다. 어느 날, 영공은 궁 밖으로 산책을 나갔다. 그런데 궁 밖의 여자들도 남장을 하고 다녔다. 깜짝 놀란 영공은 재상 안영에게 남장을 하고 다닌 이유를 물었다. 그러자 안영이 이렇게 대답했다.

"아뢰옵기 황공하오나, 전하께서 궁 안 여인들에게 남장을 시킨 것이 소문이 나 유행이 되었나 봅니다."

그 말을 들은 영공이 말했다.

"남장을 하는 것은 궁 안 여인들만으로도 충분하다. 지금 당장 궁 밖 여인들의 남장을 금지하고 이를 어기면 엄벌에 처하도록 하라!"

왕의 명령에도 불구하고 유행은 쉽게 사라지지 않았다. 다시 영공은 안영을 불러 그 이유를 물었다.

"내가 남장을 하지 못하도록 명령을 내렸는데도 어찌하여 줄어들지 않는 것이오?" 그러자 안영은 조용히 웃으며 대답했다.

"그야 당연한 이치 아니겠습니까? 궁 안의 여인들에게는 남장을 권하고 궁 밖 여인들에게는 남장을 금하라 하는 것은 마치 문 밖에 양의 머리를 걸어 놓고 안에서는 개고기를 파는 것과 같습니다. 전하께서 먼저 궁 안 여인들의 남장부터 못하게 하셔야 합니다."

안영의 말을 들은 영공은 자신의 실수를 깨달았다. 그리고 궁 안의 여인들의 남장을 금지시켰다. 그러자 얼마 지나지 않아 궁 밖의 여인들도 스스로 남장을 하지 않게 되었다.

이는 겉으로 드러나는 행동과 마음속으로 품고 있는 생각이 서로 달라 사람의 됨됨이가 바르지 못함을 일컫는 의미로 사용되고 있다.

겉과 속이 다른 사람이 있다. 겉으로는 좋은 사람인 척하지만 속으로는 나쁜 마음을 품고 있는 사람은 상대하기 무섭다. 속마음을 알 수 없어 항상 속뜻을 찾기 위해 애써야 하는 수고를 해야 한다.

우리는 항상 겉과 속이 같은 바람직한 인격(人格)을 갖추어야 한

다. 인격은 한마디로 사람의 됨됨이를 말한다. 한 개인이 자신을 포함하여 주위 것들에 대하여 생각하고 느끼고 행동하는 특징들을 말하는 것이다. 그래서 겉과 속이 같은 사람은 예측이 가능하고 비교적 안정된 사고나 행동을 한다. 겉으로 드러나는 행동뿐 아니라 내면도 성숙한 사람을 말한다.

인격을 다른 말로 표현하면 '아무도 보는 이가 없을 때 행동하는 나의 모습'이라고도 할 수 있다. 사람들이 보든 안 보든 항상 일관되게 행동하는 사람은 바람직한 인격을 소유한 사람이다. 하지만 사람이 있을 때와 혼자 있을 때 생각과 행동이 다르면 겉과 속이 다른 사람이 되는 것이다.

그래서 인격은 무엇을 소유했거나 성취한 것이 아니라, '내가 어떤 사람인가'를 보여 준다. 내가 평소에 품는 생각이자, 삶으로 나타난 태도

이며, 언어, 행동, 마음의 결단이다. 이것이 바람직해야 한다. 이런 사람이 진짜 꿈을 이룬 사람이라고 말할 수 있다.

1984년생으로 14살에 백만장자, 21살에 억만장자가 된 파라 그레이. 그는 시카고 남부 빈민가에서 태어났다. 어린 시절 그는 가난한 환경 속에서 살아야 했다. 하지만 좌절하지 않고 자신만의 사업아이템으로 놀라운 수완을 발휘해 어린 나이에 갑부가 되었다.

그의 인생 스토리에 사람들은 관심을 쏟고 젊은이들은 그를 롤모델로 삼았다. 그는 각종 방송과 강연으로 젊은 나이에 유명인사가 되었다. 이쯤 되면 우쭐대거나 거만하게 행동할 수도 있는데 파라 그레이는 그렇지 않았다. 파라 그레이가 남긴 메시지를 보면 그가 어떤 인격의 소유자인지 알 수 있다.

"성품이 올바르지 않으면 많은 돈을 버는 것이 성공이 아니라 파멸로 가는 지름길입니다."

그는 어린 나이에 많은 돈을 벌었다. 하지만 돈을 많이 버는 것보다 인격이 중요하다고 목소리를 높인다. 그는 주변에서 돈 많은 사람들이 마약과 폭력 등으로 인생을 망쳐 버린 경우를 많이 보았다고 한다. 겉으로는 모두 성공한 사람들이었지만 속으로는 성숙한 인격이 뒷받침되지 않아 파멸에 이른 모습을 보고 깨달은 것이다.

콜롬비아 교도소는 폭력과 부정부패로 악명이 높다. 교도소 내에 수감된 마약단과 게릴라의 우두머리들이 서로의 영역을 차지하기 위해 끝없는 싸움이 이어졌기 때문이다. 그들은 교도소에서도 교도관과 교도소장을 매수해 마약을 사고팔았다. 서로 한패가 되어 이익을 나눠가지며 공생했다. 아무리 큰 죄를 짓고 감옥에 들어와도 그들은 특별대우를 받았다. 말이 교도소지 철창 안에 있는 거대한 조직과 같았다.

때로는 양심 있는 교도관과 교도소장이 있을 때도 있었다. 그러나 주어진 임무에 최선을 다한 대가는 혹독했다. 마약단과 갱단들의 보복이 뒤따른 것이다. 가족의 생명을 위협하고 목숨을 빼앗는 일도 발생했다. 그러다보니 쉽게 그들의 유혹을 뿌리칠 수 없었다.

그때 시퓨엔테스라는 사람이 새로운 교도소장에 부임했다. 그는 부정부패를 척결하기 위해 온 힘을 기울였다. 그 과정에서 자신의 아들이 희생당하기까지 했다. 그의 아들은 시퓨엔테스로 오해를 받아 살인청부업자들에 의해 목숨을 잃었다. 목숨의 위협에도 불구하고 그는 조직의 변화를 시도했다. 하지만 이미 썩을 대로 썩어 있는 조직을 변화시키기에는 역부족이었다.

시퓨엔테스가 부패를 없애기 위해 선택한 것은 성품 교육이었다. 그는 성품 교육을 통해 바람직한 인격을 소유하면 부정부패의 사슬을 끊을 수 있을 것이라 생각했다.

근면, 정직, 용서, 감정, 인내, 타인 이해, 겸손 등 수많은 가치들을 교육했다. 그것을 자신의 것으로 만들어 바람직한 인격을 소유하도록 힘쓴 것이다. 무려 7만 명에 이르는 죄수와 교도관이 성품 교육을 받았다. 그러자 서서히 변화가 일어나기 시작했다. 1년 반이 지나자 교도소에서 싸움과 살인 횟수가 급격하게 줄어들었다. 수감자 중에는 교도관을 닮고 싶다는 말까지 나올 정도였다. 교도소가 변화되자 콜롬비아에서는 군대에서도 성품 교육을 도입했다. 성품 교육을 통해 바람직한 인격을 품게 하자 서서히 변화가 나타났기 때문이다.

바람직한 인격 없이 이룬 모든 것은 하루아침에 물거품으로 변한다. 반드시 겉과 속이 같은 인격적인 사람이 되어야 한다. 바람직한 인격을 품는 것이 진정한 성공이고 꿈을 이룬 삶이다.

수능에 관련된 고사성어

1. **가렴주구**(苛斂誅求) : 가혹하게 세금을 거두어들이고 백성에게 무리하게 재물을 빼앗음.

(가혹하다 **가**, 거두다 **렴**, 베다 **주**, 구하다 **구**)

2. **감언이설**(甘言利說) : 남의 비위에 맞도록 그럴듯하고 이로운 조건을 내세워 꾀는 달콤한 말.

(달다 **감**, 말씀 **언**, 이롭다 **리**, 말씀 **설**)

3. **감탄고토**(甘呑苦吐) : 달면 삼키고 쓰면 뱉는다는 뜻으로, 자신의 비위에 맞으면 좋아하고 틀리면 싫어하는 인정의 간사함을 이르는 말.

(달다 **감**, 삼키다 **탄**, 쓰다 **고**, 토하다 **토**)

4. **갑남을녀**(甲男乙女) : 갑이라는 남자와 을이라는 여자라는 뜻으로, 평범한 보통사람들을 이르는 말.

(갑옷 **갑**, 사내 **남**, 새 **을**, 여자 **여**)

5. **갑론을박**(甲論乙駁) : 서로 자신의 의견을 내세우며 상대편의 의견을 반박함.

(갑옷 **갑**, 논하다 **론**, 새 **을**, 논박하다 **박**)

6. **강구연월**(康衢煙月) : 번화한 큰 길거리에서 달빛이 연기에 은은하게 비치는 모습을 나타내는 말로, 곧 태평성대를 이르는 말.

(편안하다 **강**, 거리 **구**, 연기 **연**, 달 **월**)

7. **개과천선**(改過遷善) : 과거의 잘못을 고치고 올바르게 됨.
(고치다 **개**, 허물 **과**, 옮기다 **천** 착하다 **선**)

8. **격물치지**(格物致知) : 사물의 이치를 연구하여 지식을 완전하게 함.
(이르다 **격**, 사물 **물**, 이르다 **치**, 알다 **지**)

9. **견강부회**(牽强附會) : 이치에 맞지 않는 말을 억지로 끌어다가 자신의 주장이나 조건에 맞춤.
(끌다 **견**, 굳세다 **강**, 붙다 **부**, 모으다 **회**)

10. **견마지로**(犬馬之勞) : 개나 말 정도의 하찮은 힘이라는 뜻으로, 윗사람을 위하여 바치는 자신의 노력을 겸손하게 이르는 말.
(개 **견**, 말 **마**, 어조사 **지**, 수고하다 **노**)

11. **견물생심**(見物生心) : 무슨 물건이든지 보게 되면 갖고 싶은 욕망이 생김.
(보다 **견**, 사물 **물**, 나다 **생**, 마음 **심**)

12. **견위치명**(見危致命) : 나라의 위태로움을 보면 목숨을 아끼지 않고 나라를 위해 싸운다는 의미.
(보다 **견**, 위태롭다 **위**, 바치다 **치**, 목숨 **명**)

13. **견인불발**(堅忍不拔) : 굳게 참고 견디어 마음이 흔들리지 아니함.
(굳다 **견**, 참다 **인**, 아니다 **불**, 뽑다 **발**)

14. **결자해지**(結者解之) : 맺은 사람이 풀어야 한다는 뜻으로, 자신이 저지른 일은 자신이 해결해야 한다는 뜻.

(맺다 **결**, 사람 **자**, 풀다 **해**, 어조사 **지**)

15. **고진감래**(苦盡甘來) : 쓴 것이 다하면 단 것이 온다는 뜻으로, 고생 끝에 즐거움이 오는 것을 이르는 말.

(괴롭다 **고**, 다하다 **진**, 달다 **감**, 오다 **래**)

16. **과유불급**(過猶不及) : 지나침은 미치지 못함과 같다는 뜻으로, 중용이 중요하다는 의미.

(지나다 **과**, 오히려 **유**, 아니다 **불**, 미치다 **급**)

17. **곡학아세**(曲學阿世) : 정도를 벗어난 학문으로 세상 사람에게 아첨함.

(굽다 **곡**, 배우다 **학**, 아첨하다 **아**, 세상 **세**)

18. **교각살우**(矯角殺牛) : 뿔을 바로잡으려다가 소를 죽인다는 뜻으로, 결점을 고치려다 그 수단이나 정도가 지나쳐 일을 그르치게 되는 것을 비유한 말.

(바로잡다 **교**, 뿔 **각**, 죽이다 **살**, 소 **우**)

19. **교주고슬**(膠柱鼓瑟) : 비파나 거문고의 기둥을 아교풀로 붙여 놓으면 음조를 바꿀 수 없다는 뜻으로, 한 가지 소리밖에 나지 않는 것처럼 융통성이 없음을 이르는 말.

(아교 **교**, 기둥 **주**, 북 **고**, 비파 **슬**)

20. **구국간성**(救國干城) : 나라를 지키는 방패와 성벽이라는 뜻으로, 나라를 지키는 군인이나 인물을 의미한다.

(구하다 **구**, 나라 **국**, 방패 **간**, 성 **성**)

21. **구절양장**(九折羊腸) : 산길 따위가 양의 창자처럼 꼬불꼬불하여 험하다는 뜻으로, 세상이 복잡하여 살아가기 어렵다는 의미로도 쓰인다.

(아홉 **구**, 꺾다 **절**, 양 **양**, 창자 **장**)

22. **권독종일**(券讀終日) : 온종일 책을 읽는다는 뜻으로, 책을 많이 읽는 것을 의미함.

(책 **권**, 읽다 **독**, 마치다 **종**, 날 **일**)

23. **권모술수**(權謀術數) : 목적 달성을 위해 수단과 방법을 가리지 않는 갖가지 모략이나 술책.

(권세 **권**, 꾀하다 **모**, 재주 **술**, 수 **수**)

24. **근묵자흑**(近墨者黑) : 먹을 가까이하는 사람은 검어진다는 뜻으로, 나쁜 사람과 가까이하면 나쁜 것에 물들기 쉬움을 비유적으로 이르는 말.

(가깝다 **근**, 먹 **묵**, 놈 **자**, 검다 **흑**)

25. **금상첨화**(錦上添花) : 비단 위에 꽃을 더한다는 뜻으로, 좋은 일에 또 좋은 일이 더해짐을 의미한다.

(쇠 **금**, 위 **상**, 더하다 **첨**, 꽃 **화**)

26. **금석맹약**(金石盟約) : 쇠나 돌과 같이 단단하고 굳센 약속.

(쇠 **금**, 돌 **석**, 맹세 **맹**, 약속 **약**)

27. **기고만장**(氣高萬丈) : 일이 뜻대로 잘 풀릴 때 우쭐하여 뽐내는 기세가 대단한 모양.

(기운 **기**, 높다 **고**, 일만 **만**, 어른 **장**)

28. **난형난제**(難兄難弟) : 형이 더 낫다고 하기도 어렵고 아우가 더 낫다고 하기도 어렵다는 뜻으로, 서로 비슷해 우열을 가리기 어려움을 뜻함.

(어렵다 **난**, 맏 **형**, 어렵다 **난**, 아우 **제**)

29. **남가일몽**(南柯一夢) : 꿈과 같이 헛된 한때의 부귀영화를 이르는 말.

(남쪽 **남**, 가지 **가**, 하나 **일**, 꿈 **몽**)

30. **남부여대**(男負女戴) : 짐을 남자는 등에 지고 여자는 머리에 이고 간다는 뜻으로, 가난한 사람들이나 재난을 당한 사람들이 살 곳을 찾아 이리저리 떠돌아다님을 말함.

(사내 **남**, 질 **부**, 계집 **여**, 일 **대**)

31. **낭중지추**(囊中之錐) : 주머니 속의 송곳이라는 뜻으로, 재능이 뛰어난 사람은 숨어 있어도 이내 그 재능이 드러난다는 의미.

(주머니 **낭**, 가운데 **중**, 어조사 **지**, 송곳 **추**)

32. 내유외강(內柔外剛) : 안은 부드럽고 밖은 강하다는 뜻으로, 겉으로 보기에는 강하게 보이나 속은 부드럽다는 의미.

(안 **내**, 부드럽다 **유**, 밖 **외**, 강하다 **강**)

33. 노발대발(怒發大發) : 매우 화가 나 크게 성을 냄.

(노하다 **노**, 발하다 **발**, 크다 **대**, 발하다 **발**)

34. 노심초사(勞心焦思) : 몹시 애를 태움.

(수고롭다 **노**, 마음 **심**, 타다 **초**, 생각 **사**)

35. 누란지위(累卵之危) : 층층이 쌓아 놓은 알의 위태로움이라는 뜻으로, 매우 위태로운 형세를 이르는 말.

(여러 **누**, 알 **란**, 어조사 **지**, 위태롭다 **위**)

36. 능소능대(能小能大) : 모든 일을 두루 잘함.

(능하다 **능**, 작다 **소**, 능하다 **능**, 크다 **대**)

37. 당랑거철(螳螂拒轍) : 사마귀가 버티고 서서 수레바퀴를 가로막다는 뜻으로, 미약한 자가 자신의 분수도 모르고 강적에게 덤비는 무모한 행동을 비유한 말.

(사마귀 **당**, 사마귀 **낭**, 막다 **거**, 수레바퀴자국 **철**)

38. 도탄지고(塗炭之苦) : 진흙이나 숯불에 떨어진 것과 같은 고통이라는 뜻으로, 몹시 곤란한 지경을 이르는 말.

(진흙 **도**, 숯불 **탄**, 어조사 **지**, 괴롭다 **고**)

39. 독불장군(獨不將軍) : 혼자서 장군이 되지 못한다는 뜻으로, 모든 일은 함께 도와서 해야 함을 이르는 말. 또는 남의 의견은 묵살해 버리고 혼자서 모든 일을 처리하는 사람을 이르는 말.

(홀로 **독**, 아니다 **불**, 장수 **장**, 군사 **군**)

40. 독서삼도(讀書三到) : 독서를 하는 세 가지 방법이라는 뜻으로, 글을 읽어서 그 참뜻을 이해하려면 마음과 눈과 입을 오로지 글 읽기에 집중해야 한다는 말.

(읽다 **독**, 책 **서**, 석 **삼**, 이르다 **도**)

41. 독서삼여(讀書三餘) : 책을 읽기에 적당한 세 가지 한가한 때라는 뜻으로, 겨울, 밤, 비가 올 때를 이른다.

(읽다 **독**, 책 **서**, 석 **삼**, 여유롭다 **여**)

42. 독야청청(獨也靑靑) : 홀로 푸르다는 뜻으로, 홀로 절개를 굳세게 지키고 있음을 비유적으로 이르는 말.

(홀로 **독**, 어조사 **야**, 푸르다 **청**, 푸르다 **청**)

43. 동문서답(東問西答) : 동쪽을 묻는데 서쪽을 대답한다는 뜻으로, 묻는 말에 대해 전혀 엉뚱한 대답을 이르는 말.

(동쪽 **동**, 묻다 **문**, 서쪽 **서**, 대답하다 **답**)

44. 동분서주(東奔西走) : 동쪽으로 뛰고 서쪽으로 뛴다는 뜻으로, 여기저기 분주하게 돌아다님을 이르는 말.

(동쪽 **동**, 달아나다 **분**, 서쪽 **서**, 달리다 **주**)

45. 동상이몽(同床異夢) : 같은 잠자리에서 자면서 서로 다른 꿈을 꾼다는 뜻으로, 겉으로는 행동을 같이하면서도 속으로는 서로 딴생각을 하고 있음을 이르는 말.

(같다 **동**, 평상 **상**, 다르다 **이**, 꿈 **몽**)

46. 두문불출(杜門不出) : 집 안에만 있고 바깥으로 나가지 않는다는 뜻으로, 집에서 은거하면서 사회의 일을 하지 않는 것을 비유적으로 이르는 말.

(막다 **두**, 문 **문**, 아니다 **불**, 나가다 **출**)

47. 등화가친(燈火可親) : 등불을 가까이할 만하다는 뜻으로, 가을밤은 서늘하여 등불을 가까이 두고 글을 읽기에 좋음을 이르는 말.

(등잔 **등**, 불 **화**, 옳다 **가**, 친하다 **친**)

48. 마이동풍(馬耳東風) : 동풍이 말의 귀를 스쳐 간다는 뜻으로, 남의 말을 귀담아듣지 않음을 비유한 말.

(말 **마**, 귀 **이**, 동쪽 **동**, 바람 **풍**)

49. 막비천운(莫非天運) : 세상 모든 것은 하늘이 정한 운명에 의해 지배된다는 뜻.

(아니다 **막**, 아니다 **비**, 하늘 **천**, 운 **운**)

50. 만시지탄(晩時之歎) : 기회를 놓쳐 늦었음을 안타까워하는 탄식.

(늦다 **만**, 때 **시**, 어조사 **지**, 탄식하다 **탄**)

51. 망양지탄(亡羊之歎) : 도망간 양을 쫓는 데 갈림길이 많아서 찾을
길이 없음을 탄식한다는 뜻으로, 학문의 길이 여러 갈래여서 진리
를 깨닫기가 어려움을 이르는 말.

(도망가다 **망**, 양 **양**, 어조사 **지**, 탄식하다 **탄**)

52. 망지소조(罔知所措) : 당황하거나 급해서 어찌 할 바를 모르고 갈
팡질팡함.

(없다 **망**, 알다 **지**, 바 **소**, 놓다 베풀다 **조**)

53. 맥수지탄(麥秀之嘆) : 기자(箕子)가 은나라가 망한 뒤에도 보리만
은 잘 자라는 모습을 보고 한탄했다는 데서 유래한 고사로, 고국의
멸망을 한탄함을 이르는 말.

(보리 **맥**, 빼어나다 **수**, 어조사 **지**, 탄식하다 **탄**)

54. 만사휴의(萬事休矣) : 모든 것이 헛수고로 돌아가서 달리 어떻게
해 볼 길이 없을 때, 또는 뜻하지 않는 실패를 하여 되살릴 길이 없
을 때 쓰는 말.

(일만 **만**, 일 **사**, 쉬다 **휴**, 어조사 **의**)

55. 명철보신(明哲保身) : 사리에 환하게 밝아서 위험한 자리나 욕된
곳에 빠지지 않고 자기 몸을 잘 보전함.

(밝다 **명**, 밝다 **철**, 보호하다 **보**, 몸 **신**)

56. 목불식정(目不識丁) : 눈으로 'ㄒ'모양을 보고도 'ㄒ'자를 모른다는

뜻으로, 배운 것이 없는 사람을 비유한 말.

(눈 **목**, 아니다 **불**, 알다 **식**, 정수리 **정**)

---

57. 무실역행(務實力行) : 참되고 실속 있도록 힘써 실행함.

(힘쓰다 **무**, 열매 **실**, 힘 **력**, 행하다 **행**)

---

58. 묵묵부답(黙黙不答) : 입을 다물고 어떤 대답도 하지 않음.

(잠잠하다 **묵**, 잠잠하다 **묵**, 아니다 **부**, 대답하다 **답**)

---

59. 문전성시(門前成市) : 찾아오는 사람이 많아 집 문 앞이 시장을 이루다시피 함을 이르는 말.

(문 **문**, 앞 **전**, 이루다 **성**, 시장 **시**)

---

60. 반신반의(半信半疑) : 반은 믿고 반은 의심함.

(반 **반**, 믿다 **신**, 반 **반**, 의심하다 **의**)

---

61. 반포지효(反哺之孝) : 까마귀 새끼가 자라서 늙은 어미에게 먹이를 물어다 주는 효(孝)라는 뜻으로, 자식이 자란 후에 부모에게 진 은혜를 갚아 자식의 도리를 다하는 효성을 이르는 말.

(돌이키다 **반**, 먹이다 **포**, 어조사 **지**, 효도 **효**)

---

62. 발본색원(拔本塞源) : 뿌리를 뽑아 근원을 막는다는 뜻으로, 폐단의 근본 원인을 아주 없앰을 이르는 말.

(뽑다 **발**, 근본 **본**, 막다 **색**, 근본 **원**)

63. **백년가약**(百年佳約) : 젊은 남녀가 부부가 되어 한평생을 함께 지내자는 아름다운 언약.

(일백 **백**, 해 **년**, 아름답다 **가**, 약속 **약**)

---

64. **백면서생**(白面書生) : 얼굴이 하얀 선비라는 뜻으로, 오로지 글만 읽을 줄 알지 세상일에는 전혀 경험이 없는 사람을 이르는 말.

(흰 **백**, 낯 **면**, 글 **서**, 나다 **생**)

---

65. **백척간두**(百尺竿頭) : 백 자나 되는 높은 장대 끝에 올라섰다는 뜻으로, 극도로 위태로운 지경에 빠짐을 비유한 말.

(일백 **백**, 자 **척**, 장대 **간**, 머리 **두**)

---

66. **부부유별**(夫婦有別) : 부부 사이에는 엄격히 지켜야 할 인륜의 구별이 있음.

(지아비 **부**, 아내 **부**, 있다 **유**, 구별 **별**)

---

67. **부창부수**(夫唱婦隨) : 남편이 주장하고 아내가 이에 따름. 또는 부부 사이의 그런 도리.

(지아비 **부**, 부르다 **창**, 아내 **부**, 따르다 **수**)

---

68. **부화뇌동**(附和雷同) : 줏대 없이 남의 의견에 까닭도 모르며 따라서 움직임.

(붙다 **부**, 화하다 **화**, 우레 **뢰**, 같다 **동**)

69. **불문가지**(不問可知) : 묻지 않아도 알 수 있음.

(아니다 **불**, 묻다 **문**, 옳다 **가**, 알다 **지**)

70. **불문곡직**(不問曲直) : 옳고 그름을 따지지 아니함.

(아니다 **불**, 묻다 **문**, 굽다 **곡**, 곧다 **직**)

71. **빈자일등**(貧者一燈) : 가난한 사람이 부처에게 바치는 등 하나는 부자가 바치는 등 만 개보다 더 공덕이 있다는 뜻으로, 정성의 중요함을 비유하여 이르는 말.

(가난하다 **빈**, 놈 **자**, 하나 **일**, 등잔 **등**)

72. **사리사욕**(私利私慾) : 사사로운 이익과 욕심.

(사사롭다 **사**, 이익 **리**, 사사롭다 **사**, 욕심 **욕**)

73. **사필귀정**(事必歸正) : 일은 반드시 바른 데로 돌아간다는 뜻으로, 모든 일은 결과적으로 반드시 바른길로 돌아선다는 말.

(일 **사**, 반드시 **필**, 돌아가다 **귀**, 바르다 **정**)

74. **사상누각**(砂上樓閣) : 모래 위에 지은 누각이라는 뜻으로, 기초가 튼튼하지 못해 오래 견디지 못할 일이나 물건을 이르는 말.

(모래 **사**, 위 **상**, 다락 **누**, 집 **각**)

75. **살신성인**(殺身成仁) : 자신의 몸을 희생하여 인을 이룬다는 뜻으로, 다른 사람이나 대의를 위해 자기를 희생한다는 말.

(죽이다 **살**, 몸 **신**, 이루다 **성**, 인 **인**)

76. 선남선녀(善男善女) : 착한 남자와 착한 여자라는 뜻으로, 착하고 어진 사람들 또는 곱게 단장을 한 남자와 여자를 이르는 말.

(착하다 **선**, 남자 **남**, 착하다 **선**, 여자 **여**)

---

77. 설상가상(雪上加霜) : 눈 위에 서리가 덮인다는 뜻으로, 어려운 일이 잇따라 일어남을 비유하여 이르는 말.

(눈 **설**, 위 **상**, 더하다 **가**, 서리 **상**)

---

78. 소탐대실(小貪大失) : 작은 것을 욕심내다가 도리어 큰 것을 잃음.

(작다 **소**, 탐하다 **탐**, 큰 **대**, 잃다 **실**)

---

79. 수수방관(袖手傍觀) : 팔짱을 끼고 보고만 있다는 뜻으로, 아무것도 하지 않고 그대로 내버려두는 것을 이르는 말.

(소매 **수**, 손 **수**, 곁 **방**, 보다 **관**)

---

80. 식자우환(識字憂患) : 글자를 아는 것이 도리어 화의 근원이 되었다는 뜻으로, 학식이 있는 것이 오히려 근심을 사게 됨을 이르는 말.

(알다 **식**, 글자 **자**, 근심 **우**, 근심 **환**)

---

81. 선공후사(先公後私) : 공적인 일을 먼저하고 사사로운 일은 나중에 함.

(먼저 **선**, 공적 **공**, 뒤 **후**, 사사롭다 **사**)

---

82. 수불석권(手不釋卷) : 손에서 책을 놓지 않고 늘 글을 읽음.

(손 **수**, 아니다 **불**, 놓다 **석**, 책 **권**)

83. **십시일반**(十匙一飯) : 열 사람이 밥을 한 숟가락씩만 보태도 한 사람이 먹을 밥은 된다는 뜻으로, 여러 사람이 힘을 합하면 한 사람은 구제하기 쉽다는 말.
(열 **십**, 숟가락 **시**, 한 **일**, 밥 **반**)

84. **아전인수**(我田引水) : 제 논에 물 대기라는 뜻으로, 자기에게만 이롭게 되도록 생각하거나 행동함을 뜻하는 말.
(나 **아**, 밭 **전**, 끌다 **인**, 물 **수**)

85. **악전고투**(惡戰苦鬪) : 불리한 상황에서 우세한 적을 상대로 죽을힘을 다해 싸움.
(나쁘다 **악**, 전쟁 **전**, 힘쓰다 **고**, 싸우다 **투**)

86. **안분지족**(安分知足) : 제 분수를 지키며 만족할 줄을 앎.
(편안하다 **안**, 분수 **분**, 알다 **지**, 족하다 **족**)

87. **안빈낙도**(安貧樂道) : 궁하면서도 편안한 마음으로 즐겨 지킴.
(편안하다 **안**, 가난하다 **빈**, 즐겁다 **락**, 도리 **도**)

88. **안하무인**(眼下無人) : 눈 아래에 사람이 없다는 뜻으로, 사람됨이 교만하여 남을 업신여김을 이르는 말.
(눈 **안**, 아래 **하**, 없다 **무**, 사람 **인**)

89. 암중모색(暗中摸索) : 어둠 속에서 물건을 더듬어 찾는다는 뜻으로, 어림으로 일을 추측함을 이르는 말.

(어둡다 **암**, 가운데 **중**, 더듬다 **모**, 찾다 **색**)

90. 애걸복걸(哀乞伏乞) : 소원 따위를 들어 달라고 애처롭게 사정하며 간절히 빎.

(슬프다 **애**, 빌다 **걸**, 엎드리다 **복**, 빌다 **걸**)

91. 양상군자(梁上君子) : 대들보 위의 군자라는 뜻으로, 도둑이나 쥐를 달리 일컫는 말.

(들보 **량**, 윗 **상**, 임금 **군**, 아들 **자**)

92. 양자택일(兩者擇一) : 둘 중에 하나를 택함.

(둘 **자**, 것 **자**, 택하다 **택**, 하나 **일**)

93. 양호유환(養虎遺患) : 범을 길러서 화근을 남긴다는 뜻으로, 화근이 될 것을 길러서 근심을 사는 것을 이르는 말.

(기르다 **양**, 호랑이 **호**, 남기다 **유**, 근심 **환**)

94. 어부지리(漁父之利) : 어부의 이득이라는 뜻으로, 두 사람이 이해 관계로 서로 싸우는 사이에 엉뚱한 사람이 애쓰지 않고 가로챈 이익을 이르는 말.

(고기잡을 **어**, 사내 **부**, 어조사 **지**, 이익 **리**)

95. 어불성설(語不成說) : 하는 말이 조금도 사리에 맞지 않다는 뜻으로, 말이 되지 않음을 이르는 말.

(말씀 **어**, 아니다 **불**, 이루다 **성**, 말씀 **설**)

96. 언어도단(言語道斷) : 말할 길이 끊어졌다는 뜻으로, 말문이 막힘을 이르는 말.

(말씀 **언**, 말씀 **어**, 길 **도**, 끊다 **단**)

97. 억하심정(抑何心情) : 무슨 생각으로 그러는지 그 심정을 알 수 없거나 마음속 깊이 맺힌 마음을 이르는 말.

(누르다 **억**, 어찌 **하**, 마음 **심**, 정 **정**)

98. 여유작작(餘裕綽綽) : 서두르지 않고 느긋함.

(나머지 **여**, 넉넉하다 **유**, 너그럽다 **작**, 너그럽다 **작**)

99. 역지사지(易地思之) : 처지를 바꾸어 생각해 봄.

(바꾸다 **역**, 땅 **지**, 생각하다 **사**, 어조사 **지**)

100. 연목구어(緣木求魚) : 나무에 올라가서 물고기를 구한다는 뜻으로, 불가능한 일을 무리하게 하려고 하는 것을 비유한 말.

(오르다 **연**, 나무 **목**, 구하다 **구**, 고기 **어**)

101. 염량세태(炎凉世態) : 권세가 있을 때는 아첨하여 따르고 권세가 없어지면 푸대접하는 세상인심을 비유적으로 이르는 말.

(타다 **염**, 서늘하다 **량**, 세속 **세**, 모양 **태**)

102. 오리무중(五里霧中) : 오 리나 되는 짙은 안개 속에서 길을 찾아 헤
맨다는 뜻으로, 무슨 일에 관해 방향이나 갈피를 잡을 수 없음을
이르는 말.

(다섯 **오**, 마을 **리**, 안개 **무**, 가운데 **중**)

---

103. 오비삼척(吾鼻三尺) : 내 코가 석 자라는 뜻으로, 내 사정이 급하여
남을 돌볼 겨를이 없다는 말.

(나 **오**, 코 **비**, 석 **삼**, 자 **척**)

---

104. 오비이락(烏飛梨落) : 까마귀 날자 배 떨어진다는 뜻으로, 어떤
일이 공교롭게도 같은 때에 일어나 남의 의심을 받게 됨을 이르
는 말.

(까마귀 **오**, 날다 **비**, 배 **리**, 떨어지다 **락**)

---

105. 오십보백보(五十步百步) : 조금 낮고 못한 정도의 차이는 있으나
본질적으로는 별 차이가 없다는 말.

(다섯 **오**, 열 **십**, 걸음 **보**, 일백 **백**, 걸음 **보**)

---

106. 오거지서(五車之書) : 수레 다섯에 가득 실을 만큼 많은 장서.

(다섯 **오**, 수레 **거**, 어조사 **지**, 책 **서**)

---

107. 옥불탁불성기(玉不琢不成器) : 옥도 다듬지 않으면 그릇이 될 수
없다는 뜻으로, 천성이 뛰어나도 학문을 닦지 않으면 훌륭한 인물
이 되지 못함을 이르는 말.

(옥 **옥**, 아니다 **불**, 쪼다 **탁**, 아니다 **불**, 이루다 **성**, 그릇 **기**)

108. 온고지신(溫故知新) : 옛것을 익히고 그것을 미루어서 새것을 앎.

(배우다 **온**, 옛 **고**, 알다 **지**, 새 **신**)

---

109. 왈리왈시(曰梨曰柿) : 배 놔라 감 놔라 한다는 뜻으로, 남의 일에 쓸데없이 간섭하는 모습.

(말하다 **왈**, 배나무 **리**, 말하다 **왈**, 감나무 **시**)

---

110. 외화내빈(外華內貧) : 겉은 화려하지만 속은 빈곤함.

(겉 **외**, 화사하다 **화**, 안 **내**, 가난하다 **빈**)

---

111. 용두사미(龍頭蛇尾) : 용의 머리와 뱀의 꼬리라는 뜻으로, 시작은 거창하나 끝은 흐지부지하고 좋지 않다는 말.

(용 **용**, 머리 **두**, 뱀 **사**, 꼬리 **미**)

---

112. 우문현답(愚問賢答) : 어리석은 질문에 대한 현명한 대답.

(어리석다 **우**, 묻다 **문**, 어질다 **현**, 대답하다 **답**)

---

113. 우왕좌왕(右往左往) : 이리저리 왔다 갔다 한다는 뜻으로, 어떤 일을 결정짓지 못하고 망설이는 모양을 이르는 말.

(오른쪽 **우**, 가다 **왕**, 왼쪽 **좌**, 가다 **왕**)

---

114. 우여곡절(迂餘曲折) : 여러 가지로 뒤얽힌 복잡한 사정이나 변화.

(굽다 **우**, 넉넉하다 **여**, 굽다 **곡**, 꺽이다 **절**)

115. 우이독경(牛耳讀經) : 쇠귀에 경 읽기라는 뜻으로, 아무리 가르치고 일러 줘도 알아듣지 못함을 이르는 말.
(소 **우**, 귀 **이**, 읽다 **독**, 경서 **경**)

116. 우유부단(優柔不斷) : 어물어물 망설이기만 하고 결단성이 없음.
(부드럽다 **우**, 부드럽다 **유**, 아니다 **불**, 판단하다 **단**)

117. 유구무언(有口無言) : 입은 있으나 말은 없다는 뜻으로, 변명할 말이 없음을 이르는 말.
(있다 **유**, 입 **구**, 없다 **무**, 말씀 **언**)

118. 유명무실(有名無實) : 이름만 있고 실상이 없음.
(있다 **유**, 이름 **명**, 없다 **무**, 열매 **실**)

119. 유아독존(唯我獨尊) : 세상에서 나보다 더 높은 것이 없다는 뜻으로, 자기 혼자 잘났다고 뽐내는 태도.
(오직 **유**, 나 **아**, 홀로 **독**, 높다 **존**)

120. 유야무야(有耶無耶) : 흐지부지한 모양.
(있다 **유**, 의문사 **야**, 없다 **무**, 의문사 **야**)

121. 유유자적(悠悠自適) : 속세를 떠나 아무것에도 얽매이지 않고 자유롭게 마음 편히 삶.
(한가하다 **유**, 한가하다 **유**, 스스로 **자**, 가다 **적**)

122. 은인자중(隱忍自重) : 마음속에 감추어 참고 견디면서 몸가짐을 신중하게 함.

(숨기다 **은**, 참다 **인**, 스스로 **자**, 가운데 **중**)

123. 은일지사(隱逸之士) : 세상을 피하여 숨음, 또는 그런 사람을 일컫는 말.

(숨다 **은**, 숨다 **일**, 어조사 **지**, 선비 **사**)

124. 의기양양(意氣揚揚) : 뜻한 바를 이루어 아주 자랑스럽게 행동하는 모양.

(뜻 **의**, 기운 **기**, 날리다 **양**, 날리다 **양**)

125. 이심전심(以心傳心) : 마음과 마음으로 서로 뜻이 통함.

(써 **이**, 마음 **심**, 전하다 **전**, 마음 **심**)

126. 이율배반(二律背反) : 두 개의 명제가 서로 모순되어 양립할 수 없음을 뜻함.

(두 **이**, 법 **률**, 등 **배**, 도리어 **반**)

127. 인과응보(因果應報) : 불교에서 과거 또는 전생에 지은 선악에 따라서 뒷날 길흉화복의 갚음을 받게 됨을 이르는 말.

(인하다 **인**, 결과 **과**, 응하다 **응**, 갚다 **보**)

128. 일거양득(一擧兩得) : 한 가지 일로써 두 가지 이익을 얻음.

(하나 **일**, 들다 **거**, 두 **량**, 얻다 **득**)

129. 일망무제(一望無際) : 한눈에 바라볼 수 없을 정도로 아득하게 멀고 넓어서 끝이 없음.

(하나 **일**, 바라보다 **망**, 없다 **무**, 닿다 **제**)

130. 일어탁수(一魚濁水) : 한 마리의 물고기가 물을 흐린다는 뜻으로, 한 사람의 잘못으로 여러 사람이 그 피해를 받게 되는 것을 비유하는 말.

(하나 **일**, 고기 **어**, 탁하다 **탁**, 물 **수**)

131. 일편단심(一片丹心) : 한 조각의 붉은 마음이라는 뜻으로, 변치 않는 참된 마음을 이르는 말.

(하나 **일**, 조각 **편**, 붉다 **단**, 마음 **심**)

132. 일진일퇴(一進一退) : 한 번 나아갔다 한 번 물러섰다 한다는 뜻으로, 좋아졌다 나빠졌다 함을 이르는 말.

(하나 **일**, 나아가다 **진**, 하나 **일**, 물러나다 **퇴**)

133. 임기응변(臨機應變) : 그때그때의 형편에 따라 알맞게 일을 처리함.

(나아가다 **임**, 기미 **기**, 응하다 **응**, 변하다 **변**)

134. 자가당착(自家撞着) : 자기가 한 말이나 행동이 앞뒤가 맞지 않고 서로 모순됨.

(스스로 **자**, 집 **가**, 부딪치다 **당**, 붙다 **착**)

135. 자강불식(自强不息) : 스스로 힘써 몸과 마음을 가다듬어 쉬지 아니함.

(스스로 **자**, 강하다 **강**, 아니다 **불**, 쉬다 **식**)

136. 자격지심(自激之心) : 자기가 한 일에 대해 자기 스스로 미흡하게 여기는 마음.

(스스로 **자**, 부딪치다 **격**, 어조사 **지**, 마음 **심**)

137. 자문자답(自問自答) : 자기가 묻고 자기가 대답한다는 뜻으로, 의심나는 것을 자기의 마음으로 판단함을 뜻하는 말.

(스스로 **자**, 묻다 **문**, 스스로 **자**, 대답하다 **답**)

138. 자수성가(自手成家) : 스스로의 힘으로 집안을 일으키고 재산을 모음.

(스스로 **자**, 손 **수**, 이루다 **성**, 집 **가**)

139. 자승자박(自繩自縛) : 자기가 꼰 새끼로 자신을 묶는다는 뜻으로, 자기가 한 말이나 행동 때문에 자기 자신이 구속되어 괴로움을 당하게 됨을 이르는 말.

(스스로 **자**, 노끈 **승**, 스스로 **자**, 묶다 **박**)

140. 자중자애(自重自愛) : 스스로를 소중히 여기고 사랑함, 또는 말이나 행동, 몸가짐 따위를 삼가 신중하게 함.

(스스로 **자**, 무겁다 **중**, 스스로 **자**, 사랑하다 **애**)

141. 자중지란(自中之亂) : 같은 편 사이에서 일어나는 혼란이나 난리.

(스스로 **자**, 가운데 **중**, 어조사 **지**, 어지럽다 **란**)

---

142. 자포자기(自暴自棄) : 절망에 빠져서 자신을 버리고 돌보지 아니함.

(스스로 **자**, 사납다 **포**, 스스로 **자**, 버리다 **기**)

---

143. 장삼이사(張三李四) : 장 씨의 셋째 아들과 이 씨의 넷째 아들이라는 뜻으로, 이름이나 신분이 특별하지 않은 평범한 보통사람들을 이르는 말.

(베풀다 **장**, 석 **삼**, 오얏 **리**, 넉 **사**)

---

144. 적반하장(賊反荷杖) : 도둑이 도리어 매를 든다는 뜻으로, 잘못한 사람이 도리어 잘못이 없는 사람을 나무라는 경우를 이르는 말.

(도둑 **적**, 돌이키다 **반**, 치다 **하**, 몽둥이 **장**)

---

145. 적수공권(赤手空拳) : 맨손과 맨주먹이란 뜻으로, 아무것도 가진 것이 없음을 이르는 말.

(붉다 **적**, 손 **수**, 비다 **공**, 주먹 **권**)

---

146. 적재적소(適材適所) : 어떤 일에 알맞은 재능을 가진 사람에게 알맞은 임무를 맡기는 일.

(알맞다 **적**, 재료 **재**, 알맞다 **적**, 곳 **소**)

---

147. 전광석화(電光石火) : 번개가 치거나 부싯돌이 부딪칠 때의 번쩍이

는 빛이라는 뜻으로, 대단히 빠름을 비유적으로 이르는 말.

(번개 **전**, 빛 **광**, 돌 **석**, 불 **화**)

---

148. 전전긍긍(戰戰兢兢) : 몹시 두려워하여 조심하는 모양.

(싸우다 **전**, 싸우다 **전**, 조심하다 **긍**, 조심하다 **긍**)

---

149. 전화위복(轉禍爲福) : 화가 바뀌어 도리어 복이 됨.

(바뀌다 **전**, 화 **화**, 되다 **위**, 복 **복**)

---

150. 절치부심(切齒腐心) : 원통하고 분해서 이를 갈고 속을 썩임.

(베다 **절**, 이빨 **치**, 썩다 **부**, 마음 **심**)

---

151. 점입가경(漸入佳境) : 경치가 점점 좋아진다는 뜻으로, 점점 재미
가 있거나 시간이 지날수록 하는 짓이나 몰골이 더욱 꼴불견임을
비유적으로 이르는 말.

(점점 **점**, 들다 **입**, 아름답다 **가**, 지경 **경**)

---

152. 정문일침(頂門一鍼) : 정수리에 침을 놓는다는 뜻으로, 정곡을 찌
르는 따끔한 충고를 이르는 말.

(정수리 **정**, 문 **문**, 하나 **일**, 침 **침**)

---

153. 정저지와(井底之蛙) : 우물 안 개구리.

(우물 **정**, 아래 **저**, 어조사 **지**, 개구리 **와**)

154. 조령모개(朝令暮改) : 아침에 명령을 내렸다가 저녁에 다시 고친다는 뜻으로, 법령이나 명령을 자주 바꿔 갈피를 잡기가 어려움을 이르는 말.

(아침 **조**, 명령하다 **령**, 저물다 **모**, 고치다 **개**)

155. 조삼모사(朝三暮四) : 아침에는 세 개, 저녁에는 네 개라는 뜻으로, 간사한 잔꾀로 남을 속여 희롱함을 뜻하는 말.

(아침 **조**, 석 **삼**, 저물다 **모**, 넉 **사**)

156. 좌불안석(坐不安席) : 불안하고 근심스러워 가만히 앉아 있지 못하고 안절부절못하는 모양을 이르는 말.

(앉다 **좌**, 아니다 **불**, 편안하다 **안**, 자리 **석**)

157. 좌정관천(坐井觀天) : 우물 속에 앉아서 하늘을 본다는 뜻으로, 견문이 좁음을 이르는 말.

(앉다 **좌**, 우물 **정**, 보다 **관**, 하늘 **천**)

158. 좌충우돌(左衝右突) : 왼쪽으로 충돌하고 오른쪽으로 부딪친다는 뜻으로, 아무에게나 또는 아무 일에나 함부로 맞닥뜨리는 것을 이르는 말.

(왼 **좌**, 충돌하다 **충**, 오른쪽 **우**, 부딪치다 **돌**)

159. 주객전도(主客顚倒) : 주인과 손의 위치가 서로 뒤바뀐다는 뜻으로, 사물의 경중이나 완급 또는 중요성에 비춘 앞뒤의 차례가 서로

뒤바뀜을 이르는 말.

(주인 **주**, 손님 **객**, 거꾸로하다 **전**, 거꾸로하다 **도**)

---

160. 주마간산(走馬看山) : 말을 타고 달리면서 산천을 구경한다는 뜻으로, 자세히 살피지 아니하고 대강대강 보고 지나침을 이르는 말.

(달리다 **주**, 말 **마**, 보다 **간**, 뫼 **산**)

---

161. 중과부적(衆寡不敵) : 적은 인원으로 많은 인원을 대적하지 못함.

(무리 **중**, 적다 **과**, 아니다 **불**, 대적하다 **적**)

---

162. 지록위마(指鹿爲馬) : 사슴을 가리켜 말이라고 한다는 뜻으로, 위압적으로 억지를 쓰거나 윗사람을 농락하여 권세를 마음대로 휘두르는 것을 비유하는 말.

(가리키다 **지**, 사슴 **록**, 하다 **위**, 말 **마**)

---

163. 지성감천(至誠感天) : 정성이 지극하면 하늘도 감동한다는 뜻으로, 지극한 정성으로 하면 어려운 일도 이루어지고 풀린다는 말.

(지극하다 **지**, 정성 **성**, 느끼다 **감**, 하늘 **천**)

---

164. 진인사대천명(盡人事待天命) : 사람으로서 할 수 있는 최선을 다한 후에 결과는 운명에 맡김.

(다하다 **진**, 사람 **인**, 일 **사**, 기다리다 **대**, 하늘 **천**, 목숨 **명**)

165. 진퇴양난(進退兩難) : 앞으로 나갈 수도 물러날 수도 없는 어려운 궁지에 빠짐.

(나아가다 **진**, 물러나다 **퇴**, 두 **양**, 어렵다 **난**)

---

166. 천신만고(千辛萬苦) : 천 가지 매운 것과 만 가지 쓴 것이라는 뜻으로, 온갖 어려운 고비를 다 겪으며 심하게 고생함을 이르는 말.

(일천 **천**, 고생하다 **신**, 일만 **만**, 괴롭다 **고**)

---

167. 천양지차(天壤之差) : 하늘과 땅만큼의 큰 차이를 이르는 말.

(하늘 **천**, 땅 **양**, 어조사 **조**, 차이 **차**)

---

168. 첩첩산중(疊疊山中) : 여러 산이 겹치고 겹친 산속.

(겹쳐지다 **첩**, 겹쳐지다 **첩**, 뫼 **산**, 가운데 **중**)

---

169. 촌철살인(寸鐵殺人) : 한 치의 쇠붙이로도 사람을 죽일 수 있다는 뜻으로, 간결한 말과 글로 사람의 마음을 감동하게 하거나 남의 약점을 찌를 수 있음을 이르는 말.

(마디 **촌**, 쇠 **철**, 죽이다 **살**, 사람 **인**)

---

170. 취사선택(取捨選擇) : 취할 것은 취하고 버릴 것은 버림.

(취하다 **취**, 버리다 **사**, 가리다 **선**, 택하다 **택**)

---

171. 침소봉대(針小棒大) : 바늘만 한 것을 몽둥이만 하다고 떠든다는 뜻으로, 심하게 과장하여 말함을 비유한 말.

(바늘 **침**, 작다 **소**, 몽둥이 **봉**, 큰 **대**)

172. 타산지석(他山之石) : 다른 산의 하찮은 돌도 자신의 옥을 가는 데 쓰일 수 있다는 뜻으로, 본이 되지 않은 남의 말이나 행동도 자신의 지덕을 닦는 데 도움이 된다는 말.

(다르다 **타**, 뫼 **산**, 어조사 **지**, 돌 **석**)

173. 탁상공론(卓上空論) : 현실성이 없는 헛된 이론이나 논의.

(탁자 **탁**, 윗 **상**, 비다 **공**, 논하다 **논**)

174. 탐화봉접(探花蜂蝶) : 꽃을 찾는 벌과 나비라는 뜻으로, 여색에 빠진 사람을 일컫는 말.

(찾다 **탐**, 꽃 **화**, 벌 **봉**, 나비 **접**)

175. 토사구팽(兎死狗烹) : 토끼를 다 잡고 나면 사냥개를 삶는다는 뜻으로, 필요할 때에는 쓰다가 그 일이 끝나면 버리는 경우를 이르는 말.

(토끼 **토**, 죽이다 **사**, 개 **구**, 삶다 **팽**)

176. 팔방미인(八方美人) : 어느 모로 보아도 아름다운 미인이라는 뜻으로, 여러 방면에 능통한 사람을 비유적으로 이르는 말.

(여덟 **팔**, 방향 **방**, 아름다울 **미**, 사람 **인**)

177. 표리부동(表裏不同) : 겉과 속이 다름.

(겉 **표**, 속 **리**, 아니다 **부**, 같다 **동**)

178. 풍수지탄(風樹之嘆) : 바람을 맞고 있는 나무의 탄식이라는 뜻으로, 부모가 돌아가시어 효도를 하고 싶어도 할 수 없는 슬픔을 이르는 말.

(바람 **풍**, 심다 **수**, 어조사 **지**, 탄식하다 **탄**)

---

179. 학수고대(鶴首苦待) : 학처럼 목을 빼고 기다린다는 뜻으로, 매우 기다린다는 의미.

(학 **학**, 머리 **수**, 고통 **고**, 기다리다 **대**)

---

180. 한우충동(汗牛充棟) : 짐으로 실으면 소가 땀을 흘리고 쌓으면 마룻대에까지 찬다는 뜻으로, 가지고 있는 책이 매우 많음을 이르는 말.

(땀 **한**, 소 **우**, 차다 **충**, 마룻대 **동**)

---

181. 행운유수(行雲流水) : 떠가는 구름과 흐르는 물이란 뜻으로, 일 처리에 막힘이 없거나 마음씨가 시원시원함을 이르는 말.

(가다 **행**, 구름 **운**, 흐르다 **유**, 물 **수**)

---

182. 허장성세(虛張聲勢) : 실속은 없으면서 큰소리치거나 허세를 부림.

(빌 **허**, 자랑하다 **장**, 소리 **성**, 세력 **세**)

---

183. 혈혈단신(子子單身) : 아무에게도 의지할 곳이 없는 몸.

(고단하다 **혈**, 고단하다 **혈**, 홀 **단**, 몸 **신**)

---

184. 호가호위(狐假虎威) : 여우가 호랑이의 위세를 빌린다는 뜻으로,

남의 권세를 빌려 위세를 부리는 것을 말함.

(여우 **호**, 빌리다 **가**, 법 **호**, 위엄 **위**)

---

185. 호구지책(糊口之策) : 겨우 먹고살아 가는 방책.

(풀 **호**, 입 **구**, 어조사 **지**, 책략 **책**)

---

186. 호언장담(豪言壯談) : 호기롭고 자신 있게 말함. 또는 그 말.

(뛰어나다 **호**, 말씀 **언**, 씩씩하다 **장**, 말씀 **담**)

---

187. 혹세무민(惑世誣民) : 세상을 어지럽히고 백성을 미혹하게 하여 속임.

(혹되다 **혹**, 세상 **세**, 속이다 **무**, 백성 **민**)

---

188. 혼정신성(昏定晨省) : 밤에는 부모의 잠자리를 보아 드리고 이른 아침에는 부모의 밤새 안부를 묻는다는 뜻으로, 자식이 부모를 잘 섬기고 효성을 다함을 이르는 말.

(어둡다 **혼**, 정하다 **정**, 새벽 **신**, 살피다 **성**)

---

189. 화룡점정(畵龍點睛) : 용을 그리고 나서 마지막으로 눈동자를 그려 넣었더니 그 용이 실제 용이 되어 구름을 타고 하늘로 날아 올라갔다는 고사에서 유래된 말로, 무슨 일을 하는 데에 가장 중요한 부분을 완성함을 비유적으로 이르는 말.

(그림 **화**, 용 **용**, 점 **점**, 눈동자 **정**)

190. 화사첨족(畵蛇添足) : 뱀을 다 그리고 나서 있지도 아니한 발을 덧붙여 그려 넣는다는 뜻으로, 쓸데없는 일을 하여 손해를 본다는 뜻이다.

(그림 **화**, 뱀 **사**, 첨가하다 **첨**, 발 **족**)

---

191. 화중지병(畵中之餠) : 그림의 떡이라는 뜻으로, 아무 소용없는 것을 비유하는 말.

(그림 **화**, 가운데 **중**, 어조사 **지**, 떡 **병**)

---

192. 환골탈태(換骨奪胎) : 뼈대를 바꾸어 끼고 태를 바꾸어 쓴다는 뜻으로, 고인의 시문의 형식을 바꾸어서 그 짜임새와 수법이 먼저 것보다 잘되게 함. 또는 얼굴이나 모습이 이전에 비하여 놀랄 정도로 좋아졌음을 비유하여 이르는 말.

(바꾸다 **환**, 뼈 **골**, 빼앗다 **탈**, 태아 **태**)

---

193. 후안무치(厚顔無恥) : 낯가죽이 두꺼워 부끄러운 줄 모른다는 뜻으로, 뻔뻔함을 이르는 말.

(두텁다 **후**, 얼굴 **안**, 없다 **무**, 부끄럽다 **치**)

---

194. 후회막급(後悔莫及) : 일이 잘못된 뒤에 아무리 후회해도 다시 어찌할 수가 없음.

(뒤 **후**, 후회 **회**, 아니다 **막**, 미치다 **급**)

---

195. 흥진비래(興盡悲來) : 즐거운 일이 다하면 슬픈 일이 닥쳐온다는 뜻으로, 세상일은 흥망성쇠가 순환됨을 이르는 말.

(일어나다 **흥**, 다하다 **진**, 슬프다 **비**, 오다 **래**)

천재보다 꿈꾸는 청소년이 성공한다

지은이 | 임재성
발행처 | 도서출판 평단
발행인 | 최석두

신고번호 | 제2015-000132호
신고연월일 | 1988년 07월 06일

초판 1쇄 | 2014년 03월 10일
초판 5쇄 | 2016년 07월 05일

우편번호 | 10594
주소 | 경기도 고양시 덕양구 통일로 140(동산동 376) 삼송테크노밸리 A동 351호
전화번호 | (02)325-8144(代)
팩스번호 | (02)325-8143
이메일 | pyongdan@daum.net

ISBN | 978-89-7343-389-6 13220

값 · 10,000원

이 도서의 국립중앙도서관 출판시 도서목록(CIP)은
서지정보유통지원시스템 홈페이지(http://seoji.nl.go.kr)와
국가자료 공동목록시스템(http://www.nl.go.kr/kolisnet)에서
이용하실 수 있습니다.
(CIP제어번호 : CIP2014001531)

※ 저희는 수금액의 1%를 어려운 이웃돕기에 사용하고 있습니다.